マンガでやさしくわかる 小学生からはじめる 論理的思考力

苅野 進 著
菅乃 廣 シナリオ制作
絶牙 作画

日本能率協会マネジメントセンター

はじめに

論理的思考力は「新しい学力」として、近年注目されています。その論理的思考力を、お子さんに身につけてほしいと願う保護者の方も多いのではないでしょうか？

しかし、保護者の方のほとんどは、論理的思考力の指導を学校で受けたことがありません。「論理的思考力とは何か？」「どうやったら身につくのか？」「保護者としてどのように教えたらいいのか？」……。

この本は、このような多くの方が抱いているであろう不安に対して、基本的な内容を説明していきます。

「ロジカルシンキング」ともいわれる論理的思考力は、日本が先進国として新しいことにチャレンジしなくてはいけなくなった20年ほど前に輸入された「考える技術」です。教科書にのっている内容を覚えたり、前例を踏襲するだけではなく、初めて出会う複雑な状況を前に、「情報を整理・分析する」「上手に試行錯誤をする」「説明をして異文化の人間の協力を得る」といった技術を学ぶものです。海外の学校や外資系企業で実践されている思考法として紹介され、今やほとんどの企業研修で重視されています。

日本の教育は、これまで「型」を大切にしてきました。「こうすればうまくいく」ということがすでにわかっている型をしっかり身につけることで、社会人として企業や組織の戦力になることを目指したのです。

しかし、今の仕事の現場では型が通用しない場面が増え、たとえ若手であっても試行錯誤・創意工夫をしながら進めていく技術、つまり論理的思考力が求められています。そこで子どもたちにも、型に加えて、論理的思考力の習得が望まれるようになったのです。

「大人になってから学べばいいのではないか?」

そのような声は少なくありませんでした。しかし、長年教育の中心に据えられ、日本の文化ともいえる型を重視して育った日本人の多くは、社会人になってからの習得に苦労しています。

幼少期に試行錯誤をしながら取り組んだ経験が少ないと、失敗することへの精神的な壁が大きくなってしまいます。また、相手がどのような情報を求めているかを考え、有効な伝え方を判断しながらコミュニケーションをとった経験が少ないと、どうしてもぎこちなくなってしまい、説得力がなくなります。論理的思考力を問題解決のための手段として使いこなすには、時間が必要なのです。

学習塾ロジムは、経営コンサルタントとして日本企業へ論理的思考力研修を行っていた経験をもとに設立されました。当初は企業向けの研修教材を流用し、言葉や題材を小学生向けにして授業をしていました。

しかし、私たちはすぐに「大人向け」と「子ども向け」の論理的思考力指導には大きな違いがあることに気づきました。「結果を出さなくてはいけない」という状況に置かれていたり、理解しやすいビジネスの事例が豊富にあったりする大人と違い、人生経験が短く、長い時間を想像して計画的に考えることが難しい子どもたちには、「論理的思考力」を学ぶための「動機づけ」も独自に設計する必要があったのです。

今回ご紹介する内容は15年に渡って改善され続け、小学生が実際に学び、成長してきた「子ども向け論理的思考力」のコツになっています。

新しい言葉もあると思いますが、論理的思考力は複雑でとっつきにくいものではありません。学んだらすぐに使える場面のある、とても身近なものです。「子どもにどう接するか?」はもちろん、保護者の方も論理的思考力の基本が身につけられる内容ですので、ぜひ肩の力を抜いて読み進めてみてください。

学習塾ロジム代表　苅野　進

『マンガでやさしくわかる 小学生からはじめる 論理的思考力』 目次

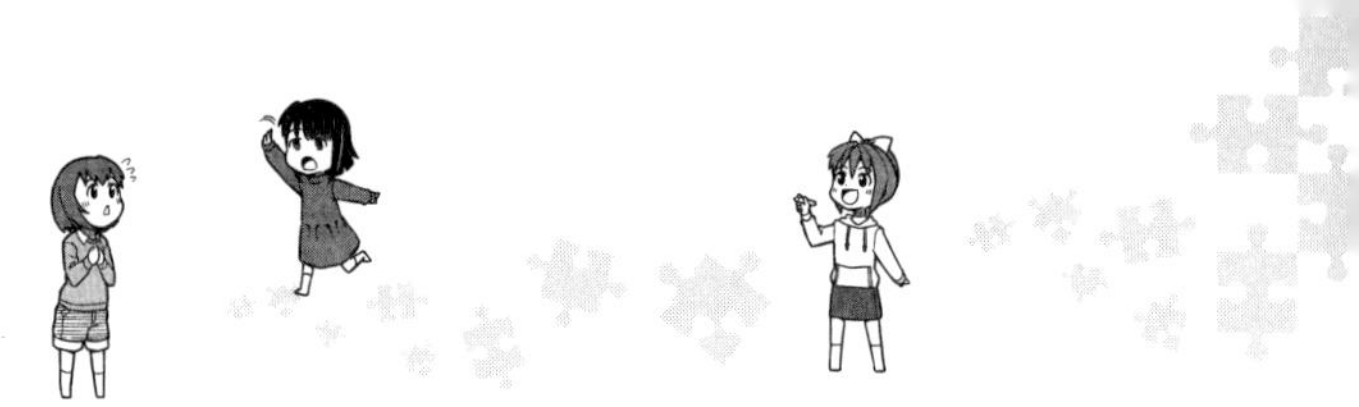

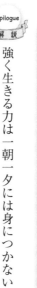

Prologue

論理的思考力とは

Story 0

論理的思考で
根拠を見つけよう

キーンコーン
カーンコーン…
今日は4年A組に転校生が入ります
じゃあ自己紹介してくださいね
前園《まえぞの》 凛《りん》
大原《おおはら》 結菜《ゆうな》
え…えっと…その…
あの…
ぽそ
ぽそ
早く何か言えよ~
声が小さくて聞こえませーん
くすくす
アハハ

知らない人の前なら 誰でも緊張《きんちょう》するでしょ！
少し待ってあげなさいよ！
ガタッ
私は大原結菜！
よろしくね！
…
あ…はい…
…前園…凛です
よろしくお願いします…
みんな前園さんが困っていたら助けてあげてくださいね
パチ パチ パチ パチ

キーンコーンカーンコーン…
バイバーイ
さよなら～
あれ？前園さんまだいたの？
あ…えっと…大原さん…
結菜でいいよ！私も凛ちゃんって呼んでいい？
は…はい
で 凛ちゃん帰らないの？
私…みんなが私を見てる気がして怖くて…だから人気《ひとけ》がなくなったら帰ります…
えー？気にしすぎだと思うけど…
……

ほら こうやって 傘《かさ》でブロック すれば
誰にも 見られないよ！
ギュッとくっつけば 私たちだけの 世界だから 何も怖く ないでしょ！
おきがさ してて よかったよ
う…うん… ありがとう ございます…
…あの 結菜さん
お願いが あるんです
ん？ 何？
今週の金曜日 私の誕生日で… 家でお誕生日会を するんですけど… 来てもらえ ませんか…？
お母さんが お友だちを作る いい機会《きかい》だから 誰か誘《さそ》って きなさいって 言ってるん です…
もっちろん！ 行く行く！
あっ だったら ほかの子にも 声かけよっか？
あっ いえ… 人が多いと 私 緊張《きんちょう》しちゃうから…

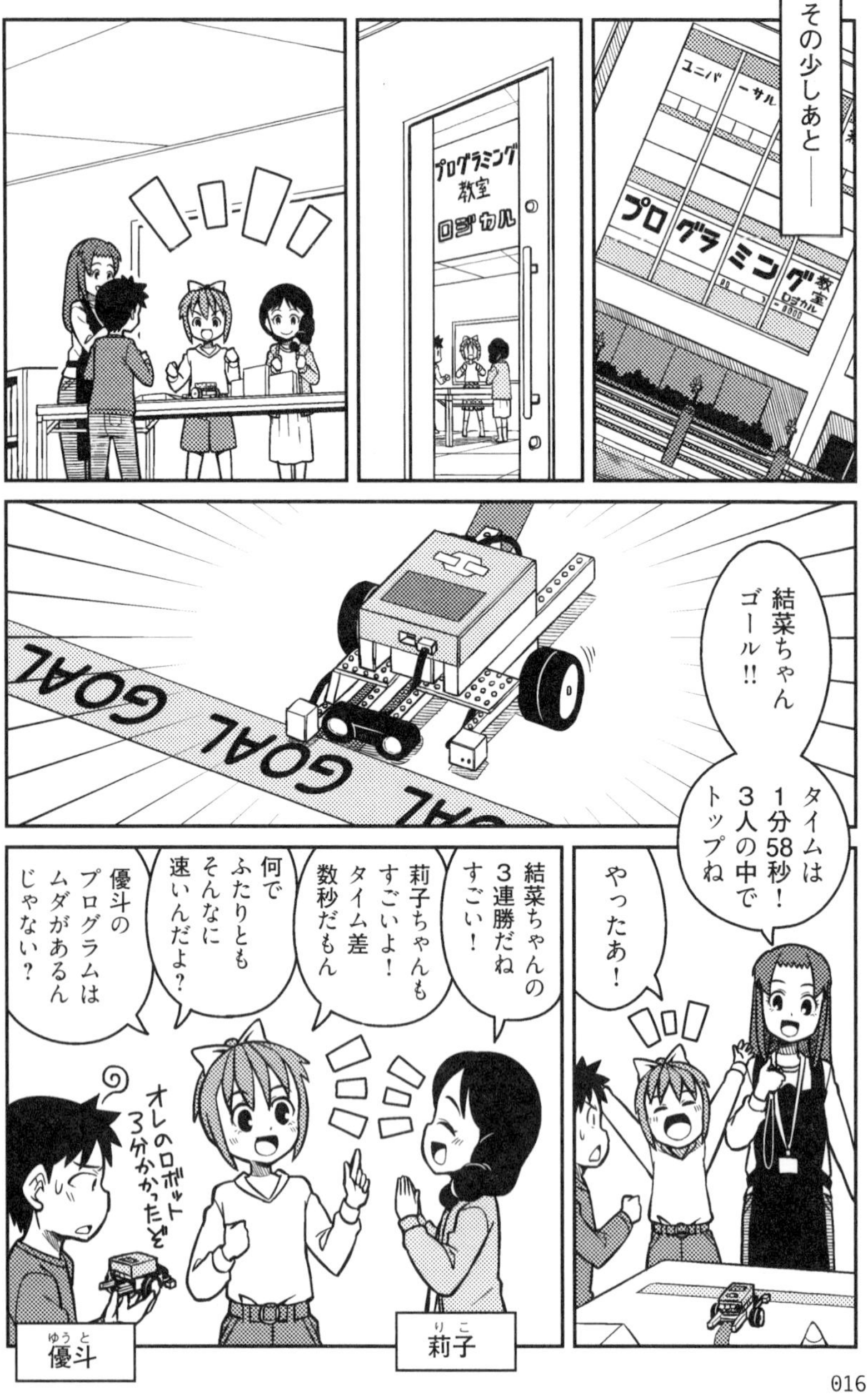
その少しあと――
ユニバーサル
プログラミング教室
ロジカル
プログラミング教室
ロジカル
GOAL
結菜ちゃんゴール!!
タイムは1分58秒！3人の中でトップね
やったあ！
結菜ちゃんの3連勝だねすごい！
莉子ちゃんもすごいよ！タイム差数秒だもん
何でふたりともそんなに速いんだよ？
優斗のプログラムはムダがあるんじゃない？
オレのロボット3分かかったぞ
莉子《りこ》
優斗《ゆうと》

優斗くんも工夫すれば速くなるよ！試行錯誤《しこうさくご》してみてね
美鈴《みすず》先生
ロボットの操縦《そうじゅう》は好きだけどなあ
プログラミングは苦手
でもさー
プログラミングって最初は 難しそうって思ってたけど自分でもできるようになってきたね
それはよかった！論理的思考力も身についてきたかな？
論理的思考力？
論理的思考力とは問題を要素に分けて整理して結論を導く考え方のこと
A
B
B′
B″
B‴
プログラミングを組み立てることとも通じるの
世界基準《せかいきじゅん》のビジネスの現場《げんば》で未知の問題を解決していく現代では必須《ひっす》の技術だから
私はみんなにプログラミングを通して論理的思考力も身につけてもらいたいの
でも 美鈴先生 お仕事の話なら大人になってからでもいいんじゃないですか？

大人になってからだと どうしても 柔軟《じゅうなん》な対応が 難しくなってくるから
柔軟な発想ができる みんなくらいの歳から ふれておくのがいいと 先生は思うの
じゃあ 論理的思考力を 身につければ
先生みたいに プログラムが組める ようになるのね！
ムリムリ！ ちんちくりんの結菜が 先生みたいに なれるわけ ないじゃん！
ゆ〜う〜 と〜!!
ゴゴゴゴゴ
ギャア
みための 話じゃないっつーの！
ギャア
なかよしねぇ
はい
せんせーさよーなら
気をつけて 帰ってね
そういえば 結菜のクラス 転校生が来たって？ どんなヤツ？
おとなしくて かわいい 女の子だよ
マジ!? 見に行って みよっかな

そういうの ダメ! 人の視線《しせん》とか すごく気にする子 なんだから!!
ダメ!
え〜 何だよお…
そんなに デリケート なんだ
うまく友だち 作れると いいけど…
私も それが心配で… 私しか友だちが いないいんじゃ つまんない だろうし…
私も友だちに なれないかな?
莉子ちゃんなら 大丈夫だよ! 今度 紹介するね
よーし オレも!
優斗は ちょっと 不安だけど… まあ 単純だから 害はないか!
そうだね 優斗くんなら その子も緊張 しないかも
お…お前ら オレを何だと 思ってんだ!!
COFFEE
喫茶 ピッケル

金曜日の放課後
ピンポーン
初めまして 凛さんと同じクラスの 大原結菜です 今日は お招き ありがとうございます！
あらまあ！ 何てしっかりした ごあいさつ…
こんな素敵《すてき》な子が 凛のお友だちに… お母さん 嬉しいわ 凛は変わった子ですけど どうかよろしくね…!!
ぐすっ
は…はい
お…お母さん もういいから…
あ…そうね！ どうぞ 上がってください！
すぐにケーキとか 持っていくからね
その服かわいーね♥
あ、ありがとう…
…うん
…ここが 私の部屋です

…どうぞ座ってください
あ…うん
…ねえ凛ちゃん
どうして ぬいぐるみとか全部 逆《さか》さまなの?
ビクッ

り…凛ちゃん!?
ポロ
ポロ
結菜さん…私のこと嫌いになりました?
えっ?どうして!?そんなことないよ!ビックリしただけで…
…これは災《わざわ》いが降りかからないようにするおまじない…
え?
私には 近い将来5つの災いが起こるんです…
この子たちや部屋のものを逆さまにするのは
その災いから守るための儀式《ぎしき》…

ちょっと待って！何なの その災いって!?
私が この世で10歳の誕生日をすぎると5つの災いに襲《おそ》われる…
夢で 月の妖精《ようせい》に告《つ》げられたんです…私の前世からの宿命《しゅくめい》なんだって
な〜んだ 夢の話かぁ そんなの気にしちゃ…
ただの夢じゃない！月の妖精は 私のすべてを知っていて…教えてくれたんです
私の前世は…火星人なんだって!!
か…火星人!?
その夢のお告げを聞いて…地球人《まわりのひと》となじめない理由がやっとわかったんです
だから お告げは真実…5つの災いもきっと起こる
私の災いに ほかの人を巻き込んじゃいけないから…私は 人とかかわってはいけないんです…

災いなんて…　そんなこと起こるわけないって！　私の友だちも凜ちゃんと　友だちになりたがってるんだよ！

……根拠《こんきょ》は？

え？

災いが起こらない根拠は？

…ほら　根拠がないじゃないですか…

…って言われてもなあ
凜ちゃんの話も論理的じゃないし…

美鈴先生だったらこういうとき何て言うかなあ…

…じゃあ　私も？　私も　凜ちゃんと友だちじゃないほうがいい？

…結菜さんには迷惑《めいわく》かけたくない…けど　友だちでいてもらいたい…です
うん！わかった!!

…え？

まず 凛ちゃんの災いのことはふたりだけの秘密《ひみつ》ね！
ほかの人に知られたら変に注目されちゃうし
そ…そんなことになったら学校に行けません…
じゃ 約束！
…うん 約束…
約束ね！
で 私ね！ プログラミング教室に通ってるんだけど凛ちゃんも行こう！
私の友だちも素敵な先生もいるんだ!!
凛ちゃんもきっと気に入るよっ！
…え？ …えっ!?
よし 善《ぜん》は急げ！ 凛ちゃんのお母さんにお願いしてくる!!
ガチャ
ドタドタドタドタ…
すみません！ ちょっとお話があるんですが
え？
…ええ!?

Prologue

解説

正解のない時代を生き抜くための論理的思考力

「私に起きる災いが結菜さんにも降りかかって、迷惑をかけてしまったら……と思うと、とっても怖いんです……」

「凛ちゃん！　そんな災いなんて、絶対起こらないってば！」

「災いが起こらないという根拠はないですよね……」

「う〜ん、そうだけど……。美鈴先生みたいに『論理的思考力』を身につければ凛ちゃんに納得してもらえる説明ができるのかも？　よし、頑張るぞ！」

01

論理的思考力の3つの柱

「論理的思考力」とネットで検索すると、難しい用語が出てきたり、ちょっと縁のなさそうな壮大なビジネスの事例が出てきたりしますが、それらはあくまで応用技術。論理的思考力は、誰でも理解できる3つの柱から成り立っています。

❶ 未知の問題でも解法を予想してチャレンジする力
❷ チャレンジした結果から学ぶ力
❸ 自分の考えを伝えて、まわりと協力する力

どうでしょうか？　何だか「当たり前」のことだと思いませんか？
社会では当然のように求められているこれらの能力ですが、「どうやって身につけ

論理的思考力の3つの柱

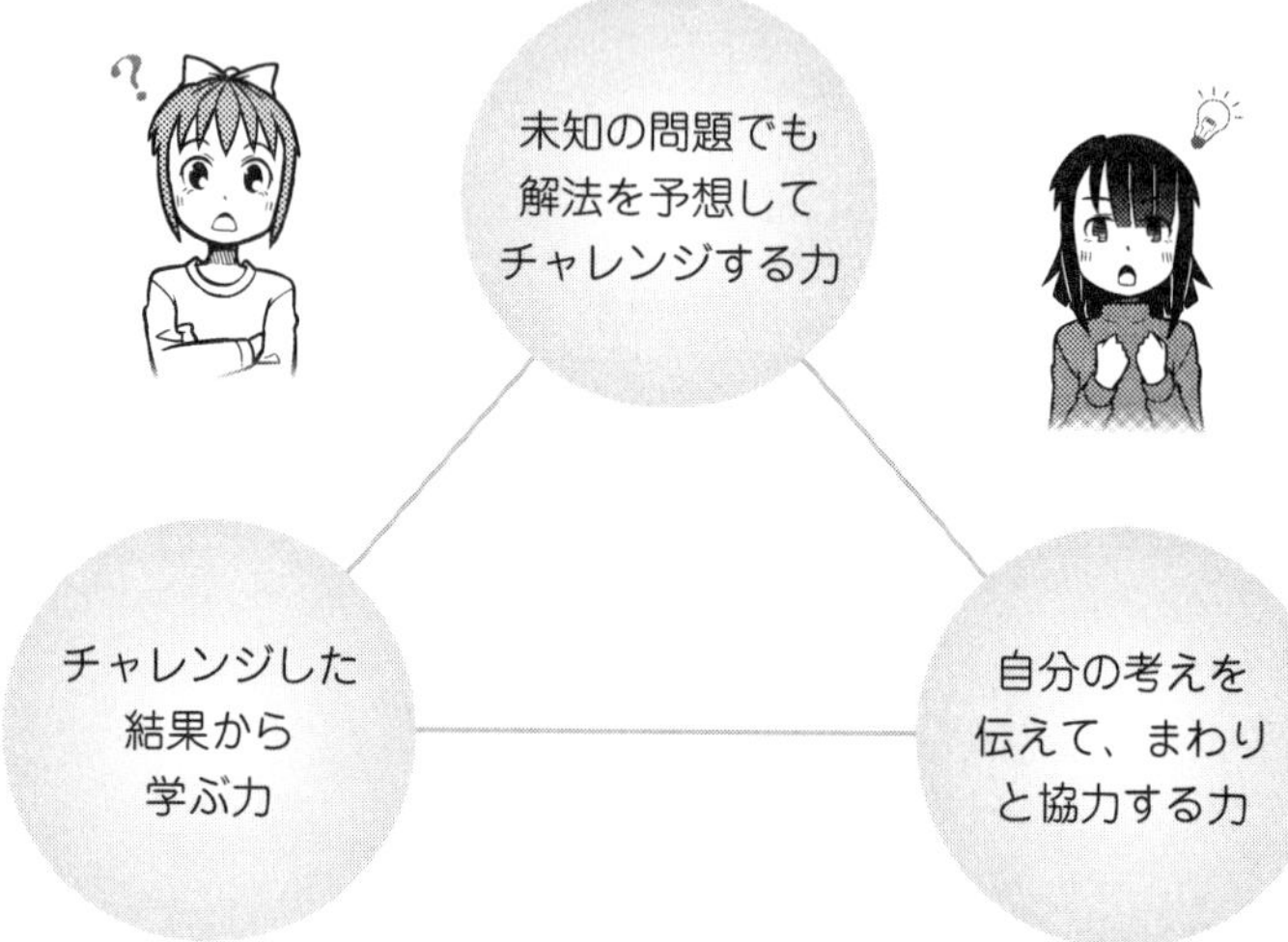
未知の問題でも
解法を予想して
チャレンジする力
チャレンジした
結果から
学ぶ力
自分の考えを
伝えて、まわり
と協力する力

ていくのか?」についてはあまり考えられておらず、「社会に出て、もまれながら身につける」くらいの感覚で捉えられてきたのが実際です。

しかし、それでは個人差が大きいままであることや、幼少期からの指導が大きな差につながることがわかってきたため、しっかりとした指導体制が求められるようになったのです。

3つの柱はどれが欠けても成り立ちません。そして、ビジネスの世界でだけ役に立つものではなく、小学生でもその効果を実感しながら身につけていくことが可能です。むしろ、勉強でもスポーツでも高い能力を発揮している子どもは、例外なく身につけているといえるでしょう。

論理的思考力は、これまで「才能」とか「地頭」などと呼ばれていたもののすべての土台となる、「学びのエンジン」のようなものです。これは段階を踏めば誰でも学習によって身につけられるものです。

02

論理的思考力を5つのステップで学んでいこう

論理的思考力の3つの柱は、5つのステップで身につけていくことができます。

ステップ❶：未知の問題から目をそらさないようになる

ステップ❷：知らない問題を小さく分解して、取り組めるものから取り組む
ステップ❸：取り組んだ結果の成功・失敗から正しく推論する
ステップ❹：ステップ❸までの作業について、自分の考えをまわりに伝える
ステップ❺：ステップ❹までの作業を改善しながらくり返していく

本書はこの流れを踏まえて、プロローグ以降5つの章立てで説明していきます。

3つの柱にあった「チャレンジ」という言葉は、何かとても大きな話で、普通の人には関係ないように思われるかもしれません。しかし、普段の生活の中にある「算数で見たことのない問題に取り組む」とか「スポーツでなかなかうまくできない技に取り組む」などもチャレンジすべき対象です。

多くのお子さんが普段からぶつかっているこうした身近な壁に、前向きにチャレンジできるようになることが、論理的思考力の最大の目標なのです。

03

チャレンジしないといけなくなった理由

では、なぜチャレンジすることが大切なのでしょうか？

それは、これまでの日本が先を走っている欧米を「お手本」として、それを吸収・再現するための教育を行ってきたことに関係します。

お手本はもちろん大事です。ですが、日本は良くも悪くも「徹底的に」お手本の吸収を重視した結果、お手本の再現以外できない人材がほとんどという状況になってしまいました。

そんな私たち日本人が、**「お手本＝正解」のない時代が到来したことで右往左往しているの**です。

日本は、かつて追いかけて真似をしていた欧米のように、自分自身で「新しい」商品やサービスを発信しなくてはならない段階に来ています。「ほかの先進国で生み出

世界基準《せかいきじゅん》のビジネスの現場《げんば》で
未知の問題を解決していく
現代では必須《ひっす》の技術だから
私はみんなに
プログラミングを通して
論理的思考力も
身につけてもらいたいの
でも　美鈴先生
お仕事の話なら
大人になってからでも
いいんじゃないですか？

されたサービスを安く再現する」という、新興国にのみ許された高度経済成長期をとっくに経過してしまったといえばおわかりいただけると思います。

子どもたちの65％は、いま存在していない職業につくといわれています。私たちの身のまわりを見ても、ＩＴをはじめとして子どもの頃に存在しなかった職業がたくさんあります。子どもたちは、受け継がれたり、ほかの先進国が示してくれる「お手本」が存在しない世界で成長していかなくてはならないのです。

そこでは「お手本を待つ」ことに価値はありません。「**自分で考えて行動する**」ことで、自らが「お手本」になっていけるようチャレンジし続けなければならないのです。

04

失敗からうまく学ぶ力＝論理的思考力

正解のある学校のテストと私たちの生きている社会の大きな違いは、

・100点満点の答えは存在しない

・試験は一度きりではない

ということです。

たとえば研究を重ねた新製品を発表したとしても、必ずどこかに改善点が残っているという点で、100点満点の答えは存在しません。また、たとえ期待した結果が出なくて「失敗」や「不正解」だと感じても、それを挽回するために再びチャレンジする必要があるという点で、試験は一度きりではないのです。

ですから、新製品のどの点が失敗だったかを正確に把握して、必ずやってくる次の機会での改善に活かすことが大切です。つまり「失敗をうまく扱う」ことが重要に

論理的思考力とは
問題を要素に分けて整理して
結論を導く考え方のこと
A
B
B′
B″
B‴
プログラミングを
組み立てることと
も通じるの

なってくるのです。

失敗をうまく扱うとは、

「より低コストで失敗して、最大限次に活かす」

という意味です。そして、ここで「論理的思考力」が重要になってきます。

勘違いされている方も多いのですが、論理的思考力は「複雑な問題において、たったひとつの正解をうまく見つける方法」ではありません。**「目の前にある情報を使って、目標により近づくための方法」**だと考えてください。

論理的思考ができないと、経験を活かせず同じような失敗をくり返します。できると、経験を活かして効率的に改善していくことができます。

論理的思考力は、そもそも正解となるお手本がない中で、うまくチャレンジする技術。そして、最初のチャレンジの結果をうまく分析して、次のチャレンジに活かしてよりよい結果を出す技術なのです。

05

教育が追いついていない

長い間、私たちは「教科書」や「マニュアル」といったお手本をしっかりと再現できるよう教育を受けてきました。**「まずは基本知識から」という方針は大事だと思いますが、残念ながら教育がそこで終わってしまっていた**のです。

「基本知識」の暗記が役立っていた頃もあります。しかし、私たちが直面しているのは、自転車の仕組みを覚えて作ることができるようになることから、さらに進んで「自転車よりも何かすごいもの」を作り出すことなのです。

「そんなこと習っていない」という言い訳は、今までの日本では正当性のあるものでしたが、もうそれは通用しません。

私たちはかつて読んだ偉人伝のように、「失敗を何度も重ねながら新しいものを見つけ出す」ことが求められているのです。

06

子どもの論理的思考力を伸ばすには

教育システムは「評価」と密接に結びついています。正解のない中で自分の意見を構築したり発表したりすることが必要だという機運が出てきても、学校で「どのように評価するのか？」が問題になっているうちはなかなか実現しません。また、実現したとしても、採点しやすい形になってしまうというような本末転倒な現象も考えられます。ですから、まずは保護者の方のかかわりが非常に大切になります。

私のような指導を職業としている人間やコンサルタントなどプロでないと、お子さんの論理的思考力を伸ばせないわけではありません。食事中やテレビを見ながらの会話でも、保護者の方が簡単なコツをつかむことで、お子さんに考える機会を与え、工夫して説明をするようになります。本書を通して、一緒に学んでいけばいいという気楽さで、「論理的思考力」をぜひ身につけてみてください。

Part 1

仮説を構築する力

Story 1

パソコンに
魂は宿るのか？

ニバーサル会計事務所
プログラミング教室
ロジカル
今日から 新しい お友だちが参加します
前園…凛…です り…凛と呼んでください
よ…よろしく お願い…します
私は莉子 同じ学校の4年B組なの 仲よくしようね
同じくB組の優斗! よろしくな!
は…はい! よろしく お願いします….
ここでの目標はね 情報を整理して 読み解く方法や 伝えたいことを 正しく伝える技術を
楽しく遊びながら 身につけていくことなの! 気軽に参加してね
ただ ひとつ ルールが あるの
ル…ルール ですか?

「わからない」と言って考えるのをやめてしまうことだけはNG！
何だって最初はわからないのが当たり前
知らないことにぶつかっていく姿勢《しせい》が大事だからね
は…はい でも私にできるでしょうか…
私も最初は不安だったけど今は楽しいし
おっとりした莉子ちゃんなんかすごく飲み込み早かったよ！
抜けてる優斗もできてるんだし大丈夫だって！
抜けてるってどういう意味だよ!!
凜ちゃんもここで少しずつ人と接することに慣れていけば学校でも平気になるよね！

その日の夜
莉子の家
ゲームのインストール終了！
えっと…これで起動《きどう》っと
HA
loc
カチカチ
しーん…
ちょっと遅くない？
パソコンさん あなた役立たずなの？能《のう》なしなの？
役立たずの無能なんて捨てて 新しいのに替えちゃうよ？

ブツ
あ…あれ？
勝手《かって》に電源《でんげん》が…
おろ
おろ
パソコンが…
怒った…？
…ということが
昨夜《ゆうべ》あったの
もしかしたら パソコンが
心をもってたのかも…
えー？
まっさかあ
うちのパソコンも遅くって
イライラして キーボードを
メチャクチャに叩いたら
動かなくなったことがあるよ
…そんなことしたら
そりゃ 壊れるな…

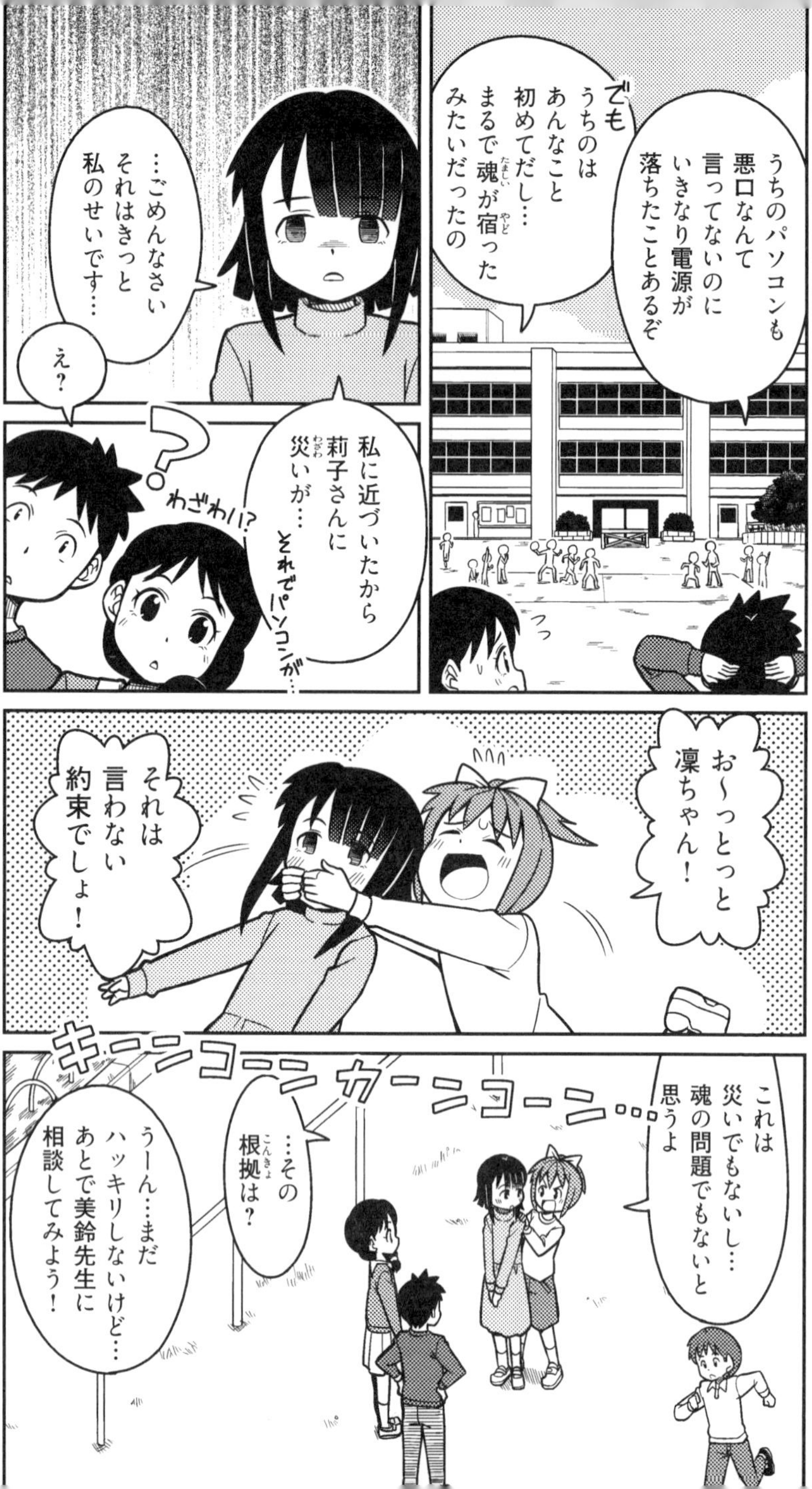
うちのパソコンも悪口なんて言ってないのにいきなり電源が落ちたことあるぞ
でもうちのはあんなこと初めてだし…まるで魂《たましい》が宿《やど》ったみたいだったの
…ごめんなさいそれはきっと私のせいです…
え？
私に近づいたから莉子さんに災《わざわ》いが…
それでパソコンが…
わざわい!?
お〜っとっと凜ちゃん！
それは言わない約束でしょ！
キーンコーンカーンコーン…
これは災いでも魂の問題でもないしと思うよ
…その根拠《こんきょ》は？
うーん…まだハッキリしないけど…あとで美鈴先生に相談してみよう！

プログラミング教室
ロジカル
え？
パソコンに魂が宿るか？
授業前に 難しい質問ね…
どういうことか説明してくれる？
昨夜《ゆうべ》 パソコンの動作が遅いのを
叱《しか》ったら 電源が落ちて…
パソコンに心があって
怒ったんじゃないかって…
デデンデンデデン
機械も心をもつのかな？
ロボットが人類を支配《しはい》しようとする映画もあるけど…
古い映画だけど
人類を支配…
そうなったら私の責任です！
私の災いが…
もごっ
り〜ん〜ちゃ〜ん〜!!
待って待って！
まずは問題を整理しましょう

だから　そもそも機械が心をもつのかってことだろ？
コンピュータは進化してるって話だし…魂が宿るようにもなるんじゃないかなあ
そのことに関しては「強いAI《エーアイ》」と「弱いAI」の話があるけどね
強いAI？
…弱いAI？
アメリカの哲学者ジョン・サールが作った概念《がいねん》よ
ジョン・サール
「強いAI」とは人間と同程度の知能や自意識をもつ人工知能
やあ！
元気？
いつかはこんなデバイスがあたり前になるのかも
「弱いAI」とは人間の知能のごく一部を代替できる程度の人工知能
イラストや写真の自動着色AI

今の技術で実現できるのは弱いAIのごく一部…強いAIはまだ不可能とされてるわ
さすが美鈴先生！もの知り～
じゃあ パソコンが心をもつこともないんですね
最初から断定《だんてい》しないほうがいいけどね
え～何で？
パソコンに魂なんて宿るわけないじゃん
いきなり正解を出そうとあせらずいろんな可能性を考えて仮説《かせつ》を立てていくのが大事なのよ
仮説って…そんなあいまいなことでいいの？
たしかに その答えは完全な答えではないかもしれないけど
それを現実に当てはめて正しく検証《けんしょう》していけば「どの部分が誤《あやま》りだったのか」が明らかになってくる
すると 解決すべき課題《かだい》がより小さく 明確になって考えを先に進められるの

これまで見たこともない
問題に出会ったときでも
思考を停止《ていし》することなく
立ち向かっていく
これが論理的思考
ロジカルシンキング
ということ！
へー
問題に
立ち向かう
…かあ
まあ とりあえず
莉子ちゃんのパソコンについて
「魂が宿った」以外の可能性を
考えてみましょうか
パソコンの電源が落ちる
原因としては 次のことが
考えられるわ
一般的な事例と
私の経験から
原因① 熱が原因で電源が落ちた
原因② プラグやコンセントが原因で電源が落ちた
原因③ ハードウェアが原因で電源が落ちた
原因④ ソフトウェアが原因で電源が落ちた
ERROR

先生…もうひとつ考えられます
私の災いが莉子さんに悪影響《えいきょう》を…
災いって何だよ?
いやいや何でもない!
何でもないから!!
どんなことでも可能性として考えられるなら検討材料にしていいのよ
むやみに増やすのは問題だけど
でもまあここでは原因①～④で考えましょう
じゃあ 莉子ちゃんパソコンの電源が落ちたときの様子を思い出してみて
は…はい…えっとあのときは…
優斗くんにすすめられたゲームをダウンロードして…
インストールが終わったから起動しようとしたんです
ああ!あれかぁ面白いだろ?
…だから起動しないでずっと固まったままだったの
結局あそべてないもん

それで ちょっとイライラして パソコンに向かって…少し 怒ったりしたんです…そしたら いきなり電源が落ちて…
電源が 落ちる前 ほかに何か しなかった？
何回か マウスを クリックしたり エンターキーを 押したりは…
熱がこもるほど パソコンを 長く使ってたりした？
いえ 使い始めて すぐでした
電源コードに 足でも引っかけて 抜いたんじゃないか？
リコは ちょっと おっちょこちょい なトコあるし
それはないよ 電源が落ちたとき まずコンセントを 確かめたから
ちょうどそのタイミングで ハードウェアが 壊れちゃったとか？
電源を 入れ直したら 普通に動いた から…
じゃあ 原因①②③ 全部違うか

となると
残るは
原因④…
…あと
私の
災いも…
さっきから
何言って
んの？
そんな
可能性ない
よね？
わざわいって
いわれても
あっ　いや
頭ごなしに
否定する
のも…
莉子ちゃん　パソコンの電源が
落ちる前にしてたことって
何だったかな？
え？　ですから
優斗くんに教えてもらった
ゲームを…あっ！
もしかして
あのゲームが原因？
ゲームのせいで
パソコンの電源が
落ちたりするの？
ゲームって
けっこうトラブル
起こすことが
あるんだって
パソコンとの
相性《あいしょう》が問題に
なることも
あるって
兄ちゃんが
言ってた！
私、ゲームって
あんまり
やらないから…
じゃあ　今回の件を
ひとつの仮説に
まとめてみようか

仮説
ネットでダウンロードしたゲームとパソコンの相性が悪くエラーを起こして突然 電源が落ちた
GAME
ERROR!
莉子ちゃん そのゲームの動作条件とか見てみた？
い…いえ 見てません
私が使ってるパソコンって お父さんが昔 使ってた お古なんです
だから 動作条件が合わなかったのかも…
オレは兄ちゃんので遊んだから… 兄ちゃんのパソコン最新のだし
この前、新しく買ったばっかの
だんだん 原因が絞《しぼ》られてきたね？
はい！ 家に帰ったら動作条件を確認してみます！
ありがとうございます！
情報を整理して仮説を立てて結論を導く…
なるほど！
これが 論理的思考力なんだ！

…あれ？

凛ちゃん……？

いない…？まさか 自分の考えを否定されたのがショックで帰っちゃったとか!?

ど…どうしよう！ここなら凛ちゃんも楽しく 人づき合いに慣れていけると思ったのに…

結菜 どこ行くの？

もうすぐ始まるぞ
ちょ ちょっと！

凛ちゃんのお母さんにもよろしくって頼まれてるし
とにかく凛ちゃんの家に…

…あれ？ 結菜さん どこに行くんですか？

凜ちゃんこそ どこに行ってたのよおぉ!!

もおぉ!

え？ いえ… お手洗いに…

もおー!! いきなりいなくなるから ビックリしたじゃん！ 帰っちゃったのかと 思ったよお!!

ご…ごめんなさい…

…結菜さん 私 わかってます 自分の考えが 地球人《まわりのひと》に 理解して もらえないって こと…

莉子さんたちに 理解して もらえなくて 私が傷ついた かもって 心配してくれたん ですよね…

え!? あ…いや 友だちだから 心配するのは 当たり前だよ

ありがとう 結菜さん
私…こんな友だちが
できたの初めてだから…
すごく嬉しいです
…だからなおさら 私の
災いの影響が 結菜さんに
降りかからないか心配で…
あ いや
だから それは…
論理的思考力は
問題に立ち向かうための
ものだって…美鈴先生が
言ってましたね
私も 論理的思考力を
身につけて…自分の宿命のこと
ちゃんと考えたいです…
うん!
私も
論理的思考力
身につける!!
一緒に
頑張ろうねっ
…うん!
よ~し
じゃあ
行こう!
結菜ちゃん
凛ちゃん
はじめるよー

Part 1 解説

未知の問題から目をそらさない——仮説を構築する力

「情報を整理して仮説を立てて、結論を導く論理的思考力のおかげで、莉子ちゃんの家のパソコンの問題も解決しそうだね！」

「はい。私も、自分の宿命について、論理的思考で考えてみたいです」

「さあ結菜ちゃん、凛ちゃん！ 未知の問題に立ち向かうためにも、論理的思考力を身につけていきましょう！」

「はい！」

「頑張ります!!」

01

「知っている問題」しか解けないと思う子どもたち

学校のテストで「〇〇はなぜか？」と聞かれれば、正解となる理由が必ず教科書に書いてありました。

「この問題、どこかで見たことなかったかな？」このように子どもたちは、問題を解決しないといけない場面では、まず「事例」を探します。学校のテストだったら、授業や問題集の内容を思い出そうとします。子どもたちにとって「問題」とは、事前の解説を前提としたものなのです。習っていないことを出題されたり、取り組んだりさせられることは、「理不尽」だと考えてよいと信じています。

そして、わからない・知らない問題に対して、「解説を待つ」「とりあえず飛ばす」という習慣が身についてしまっているのです。

しかし学校のテストと違い、実社会では事前に解説を受けた問題が出題されるわけではありません。

事前に解説されていない、見たことがないからといって「飛ばす」、つまり取り組まないという選択をしても、試験が終わり、模範解答が配布されることはありません。

これからの子どもたちが身につけないといけないのは、前例がなく、正解がはっきりしない社会での対応力なのです。

これまでの教育システムでは、学校は正解がある問題を出題する場所でした。答えがしっかりと出ないような問題に取り組んだり、指導したりする時間も指導要領もないのが現状です。

ですが新しい教育として、「正解のある問題」に慣れきってしまっている子どもたちの意識を変え、「事前に習っていない問題に対応する力」を身につけさせることが求められています。

02

知らない問題に対応するには「仮説思考」が大事

見たことのない問題に直面したときに、「親や先生の解説を待つ」「同じ問題を探す」という行動をとっても、「絶対に解ける」という確信に至ることはありません。そこがテストと違うところで、いつまでたっても取り組むことができないのです。

見たことのない問題に対応するとき、一番大事なのは「もしかしたら、○○ではないか？」という予測、つまり仮説を作って作業を進める力です。

仮説思考とは、

「見たことがない問題だけど、原因は○○ではないか？」

「見たことがない問題だけど、××のような解決策

莉子ちゃん そのゲームの 動作条件とか 見てみた？
い…いえ 見てません

が効果的ではないか？」

と考えることです。

これは、前例・正解主義で育ってきた人にとって極めて不得意な思考法です。そんなあいまいな状態で作業すると、結局間違えてしまったら時間のムダになってしまう。正解を解説してもらうのを待とう。そして、次に同じ問題が出されたときに正解すればいい、と考えてしまいます。

ですが、次も前例のない問題に取り組まないといけないのです。もしあなたの目の前の問題に前例がある、つまりくり返しの場合、それは「作業」にすぎず、取り組んで解決したとしても評価は得られません。

たとえば、「環境に優しい自動車を作る」という課題について考えてみましょう。

ガソリン車しか見たことのない人にとっては漠然とした問題設定なので、「何をしたらよいか？」と考えることができない人がほとんどです。

しかし、ここで、**「電気モーターとガソリンエンジンを併用できないか？」**「**完全な電気自動車は？**」「**水素で動かせないか？**」という「仮説」を立てて行動できる開発者は違います。たとえ多くの失敗をしても、それを経験として活かし、ほかの人より先に新しい成果を出せるのです。
これが前例、つまり他人の成功という模範解答を待っているとどうなるでしょう？ほかの人が完成させた新しい車を作ることになります。それは「ほかの人が作ったものを、私は安く作ることができます」ということに行きつき、その再生産の段階では、成果物の価値がすでに下がってしまっています。

03

仮説を立てられるようになるためのアドバイス

仮説思考を身につけたいと思うと、
・よい仮説を思いつけるようになる
ことを目指したくなるのですが、まずは、

・仮説思考の価値を知る→最悪な「何もしない」からの脱却

という精神的な壁を取り除いてあげることが大事です。

具体的にいうと、「**見たことのない問題だけど、もしかしたら、○○のように考えると解けるのではないか？**」と考えて、表現できるようになることです。

そのためには、

・大人が実際にやっているところを見せる

ことがスタートです。

「いいから予想してごらん」では子どもが戸惑ってしまうだけです。

子どもにとって「何でも知っているはずの大人」

にもわからないことがあり、そんなときには「仮説」を立ててあいまいな状況でもチャレンジして、失敗することもあるということを感じてもらう必要があります。

ですから、**「お父さんも知らない問題なんだけど、○○なんじゃないかな」「お母さんもわからないけど、とりあえず××と考えてやってみるわ」**と、大人が実際にやっているところを見せることが効果的です。

たとえば、私は算数についての質問を受けたとき、すぐに解説をしません。**「こんなふうに考えたらどうかな〜。違うか〜」「こうしたらどうかな〜」**といった試行錯誤をわざと見せるようにしています。

そうすると、子どもたちは「先生でもこうやっていろいろ考えるのか」と知って、「間違えてもいいから、いろいろと試す」ことが決して恥ずかしいことではないと学ぶのです。

04

よい仮説ってどんなもの？

わからない問題でも仮説を立てて「〇〇かもしれない」と発言できるようになったら、次はその仮説が「よい仮説」であることを目指します。

よい仮説とは、

・理由を掘り下げている

・確かめることができる

ものです。

たとえば、学校のテストの結果がよくないときに、仮説として、

❶計算ミスをしている

❷文章題を間違えている

❸歴史の年号を間違えている

という原因を考えたとします。

たしかに、仮説にはなっていますが、ここから一歩理由を掘り下げて、

❹「**数字の書き方が雑なので**」計算ミスをしている

❺「**問題中の重要な数字を見落としているので**」文章題を間違えている

❻「**テスト前に復習をしていないので**」歴史の年号を間違えている

というところまで考えることができると、よい仮説になったといえるでしょう。

このようなよい仮説になると、確かめることができるようになります。

❹に対しては、**数字の書き方をきれいにしてみよう**

❺に対しては、**問題中の数字に印をつけながら読もう**

❻に対しては、**テストの前に復習をしてみよう**

という具体的な作業につながります。

そうすることで、この仮説が正しいかどうかを確認できるのです。

間違っていたのなら、別の仮説を試すというわけです。

05

よりよい仮説を立てるコツ

・問題発見の仮説：原因を探る……「なぜ？」をくり返す
・問題解決の仮説：解決策を探る……「そうすると？」をくり返す

という作業によって、よりよい仮説を探ることができます。

最初は、「問題発見の仮説」の例です。

「なぜ、宿題がいつも終わらない？（問題発見の仮説）」
⬇
「なぜなら、時間が足りないから」
⬇
「なぜ、時間が足りない？（問題発見の仮説）」
⬇
「なぜなら、始めるのが遅いから」
⬇
「なぜ、始めるのが遅い？（問題発見の仮説）」
⬇
「なぜなら、テレビを見ているから」

次は、「問題解決の仮説」の例を見てみましょう。

「少年野球のレギュラーになりたいから、素振りをいつもよりたくさんする」

⬇「そうすると？（問題解決の仮説）」

⬇「バッティングがよくなる」

⬇「そうすると？（問題解決の仮説）」

⬇「ヒットが打てる」

⬇「そうすると？（問題解決の仮説）」

⬇「監督に選んでもらえる」

⬇「あれ？　監督はバッティングよりも、基本的な守備が大事って言ってたな？

『素振りをする』は、よい仮説ではないぞ！」

このように、本当の問題や効果的な解決策に近い「仮説」かどうかを確認するのに役立つ思考のテクニックです。

COLUMN 1

仮説思考の習慣がつけば、あとからぐんぐん伸びてくる

「理由は○○だからかな?」

「××すれば解決するんじゃ?」

子どもたちの仮説は、初めのうちは頭を抱えるような的外れなものばかりだと思います。しかし、そこで、「そうではないと思う」「こうすればいい」と大人が発言してしまうと、子どもたちを「正解待ち」「指示待ち」にしてしまいます。

たとえ仮説が的外れだったとしても、「仮説を立てる」行動が身についていれば、失敗をくり返す中で、より筋のよい仮説を立てられるようになります。「なぜだろう?」を考える習慣によって、そこに経験が積み重なっていくのです。

子どもらしい仮説であっても、「何それ!?」という否定的な雰囲気を出してはいけません。「**しっかりうなずいてあげる**」「**まずは仮説を立てたことをほめてあげる**」**といった演技力が大事**なのです。

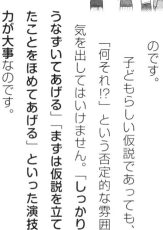

Part 2

分類・分解する力

Story 2

Jリーガーになる約束！

日曜日
グラウンド
優斗っ
パスだ！
ボシュッ
あ！
ノーマークの
優斗に
パスが
通った!!
わあぁ
トッ
優斗〜！
そのまま
ロング
シュート!!
え？

優斗！こっちにパスだ！
え…？
ええ…!?
いやいったんバックパスしろ！
優斗シュートシュート！
ドリブルでしかけろ！
あ!?
しまった！
なにやってんだゆうと！
もどれー！
ずうぅん
あ〜あ…

翌日
休み時間
キーンコーン
カーンコーン…
どよよん
も～ 何であの場面でシュートしないかなあ
わざわざ応援に行ったのに負け試合なんて
チッ
…がっかりです
お前らみんな鬼か!!
誰かひとりくらいなぐさめてくれてもいいだろ
だってさあ… シュートだのパスだのドリブルだの一度に言われたらどうしたらいいか…
練習試合でもあんまりパスが回ってきたことないし
それは普段《ふだん》から自分がどう動くべきか考えてないってことだよね？選手としてそんなんでいいの？
ゴゴゴ
ゴゴゴ

カチーン
…ダメだよな オレ サッカーやめるわ
え～え～ やめなさい！ そんな 腐《くさ》ってるヤツに できる スポーツじゃ ないのよ!!
サッカー なめんな！
リコちゃん おちついて
優斗も いきなり やめる なんて…
う～
…前々から 迷っては いたんだ
練習しても なかなか上達《じょうたつ》しないし…
勉強も 忙《いそが》しくなるし…
今年 兄ちゃんが受験《じゅけん》だから 弟の世話《せわ》も頼まれてるし…
あ～そりゃ やめるしかないわ！ 迷うことなし!!
まぁまぁ 莉子ちゃん

でも…チームメイトと「将来 一緒にJリーガーになろう」って約束したんだ
オレ…どうしたらいいのかわかんないよ…
どうせ
そんな約束果たせっこないんだから気にするだけムダ
どうどう
…優斗さんごめんなさい きっと 私が悪いんです
は？
私の宿命《しゅくめい》の影響《えいきょう》で優斗さんに災《わざわ》いが降りかかってサッカーが…
はいは～い凜ちゃん！
それは言わないお約束～!!
キーンコーンカーンコーン…
これは 災いなんかじゃないし きっと解決できるよ
……その根拠《こんきょ》は？
美鈴先生に相談して考えてみよう！

ユニバーサル会計事
プログラミング
…なるほど みんなから いろいろ言われて どうしていいか わからない…と
うん…先生 オレ やっぱり サッカー やめたほうが いいのかな…
結論を出すのはまだ早いよ！ まずは 必要な情報を 出していこうか
情報…
優斗くんと サッカーに関する 状況とかやりたいこととか 思いつくことを全部 箇《か》条《じょう》書《が》きにしてみよう
えっと… 試合で 失敗して 信頼を 失った
練習しても 上達しない
…だから 試合で パスを もらえ ない
。試合で失敗
。練習して
お前ら みんな 鬼か!!

・試合で失敗して信頼を失った
・練習しても上達しない
・試合でパスをもらえない
・Jリーガーになる約束を守りたい
・勉強が忙しくなってきた
・弟の世話をしなければいけない
・プレーでほめられたい
んー こんなとこじゃない？
まあ…そうだな
じゃあ これをグループに分類《ぶんるい》してみよう！
分類？
分類して分析《ぶんせき》すると問題がどこにあってどう解決すればいいか見えやすくなるの！
◆個人的な事情
・練習しても上達しない
・Jリーガーになる約束を守りたい
・勉強が忙しくなってきた
・弟の世話をしなければいけない
・プレーでほめられたい
◆集団での事情
・試合で失敗して信頼を失った
・試合でパスをもらえない
こんなふうに分けられそう…
「個人的な事情」はたくさんあるけどさらに「サッカーに関すること」と「それ以外のこと」に分けられるね

◆個人的な事情
❖サッカーに関すること
・練習しても上達しない
・Jリーガーになる約束を守りたい
・プレーでほめられたい
❖それ以外のこと
・勉強が忙しくなってきた
・弟の世話をしなければいけない
こ…こんな感じでしょうか
うん
何か見えてきた気がするよ
優斗君は これらの問題を サッカーをやめるか 続けるか 選択《せんたく》することで 解決しようと してるんだよね？
でも 本当にその選択で これらの問題が 解決するのかな？ 別の解決方法もあるかもね
だいたい サッカー やめたと しても
そうしてできた時間を 優斗はちゃんと 勉強や弟の世話に回せるの？ どうせまた サッカー したくなると思うけど…
逆に サッカーを続けたとしても だからって Jリーガーに なれるとは限らないんだから 決定的な解決には ならないんじゃないかな
志としては いいと思うけど

◆集団での事情
・試合で失敗して信頼を失った
・試合でパスをもらえない
でも サッカーがうまくなれば「集団での事情」にある問題は解決しますね
「個人的な事情」の「ほめられたい」もかなうし「Jリーガー」にも近づけるんじゃないでしょうか
◆個人的な事情
❖サッカーに関すること
・練習しても上達しない
・Jリーガーになる約束を守りたい
・プレーでほめられたい
つまりサッカーがヘタだからすべてが悪い方向に行くんだね
ヘタなのがいけないのよね
身《み》も蓋《ふた》もない…
ねえ優斗くんどうすればサッカーが上手になるのかな?
それは…やっぱり練習するしかないのかな…
じゃあもっともっと練習すればいいじゃん
いやだから時間が…
具体的にいつも何に時間を使ってるのよ?

だから
勉強して
弟の世話して
プログラミング
教室に来て
ゲームして…
それだぁ!!
ゲームで遊ぶ時間を
削《けず》ればいいんじゃない!
ええぇ!? やだよお
ゲームだって
サッカーと同じくらい
好きなんだぜ?
莉子は知ってるだろ?
つまり 優斗くんが
抱えてる問題は…
「ゲームをやめる」か
「ゲームをする
時間を減らす」か
「ゲームをする
時間を維持《いじ》する」か
っていうこと
だったのね
他に削れる
時間がないなら
そこを どうにか
するしかないよ
1日は誰しも
24時間しか
ないからね
どう時間を
配分するか
見直す必要が
ありそうね
…は~い

優斗くんのことだから
サッカーがうまくいかなくてゲームに逃げてるだけじゃないの？
サッカー始めた頃はあんまりゲームしてなかったじゃない
うぐっ
うまくいかなくて落ち込むのもわかるけど…私も応援に行ってあげるからもうちょっと頑張《がんば》ろうよ
う…うんわかったよ…
莉子ちゃんと優斗は幼稚園からの幼《おさな》なじみなんだしご近所さんだし莉子ちゃんがきっと一番心配してるんだよ
……素敵《すてき》ですね

翌日
キーンコーン
カーンコーン
結菜さん
ん？ なあに 凛ちゃん
昨日 美鈴先生と やったことを 私も真似して みたんです
私が抱えている問題を 具体的に整理して みたので…
わかった!! 私たちで論理的思考 してみようって ことね！
みせて
ん～ 凛ちゃん これは私より お母さんに 見せないと
え？
これ 昨日の 小テストだよ
りんちゃん 国語 得意なんだ
え!? あれっ じゃあメモは…
おっ？ 何だ この 紙切れ

変なこと書いてあるぞ
火星人？5つの災い!?
「前世からの宿命」とかやべーなこれ!!
り…凛ちゃんメモって…
ポロポロ
こらあ!! 私のメモを勝手に読むな！
バッ
な…何だよぉ オレはただ落ちてたのを拾っただけだぞ
びくっ
びくっ

っていうか 大原 何だよそれ？
火星人とか 5つの災いとか
ふふんっ これはねえ…
構想《こうそう》を練《ね》っている大作小説のネタをメモしたもの…!!
突如《とつじょ》 火星からやってくる 地球侵略部隊《しんりゃくぶたい》！ 主人公は 前世の記憶から それを事前に察知していた
しかし 彼女には 前世からの 宿命に よる 災いが!?
おお… 何だかちょっと 面白そうだな…
でも 大原に 小説なんか 書けるのかよ？ 国語の小テスト 50点だった くせに
カチン
なんだってぇ!?
半分とってんだから ギリセーフよ！
火星人が 怒ったあ！

凜ちゃん もう 大丈夫…
凜ちゃん?
凜ちゃん うまくいったから 心配ないよ
休み時間 もうすぐ 終わるから 戻ろ?
…ごめんなさい 結菜さん …私のせいで 結菜さんが 変人だと思われちゃった…
ぐすっ
ひっく
私が変だから… 迷惑《めいわく》かけちゃうから… やっぱり地球人《まわりのひと》と かかわっちゃいけなかった…

違うよ
凜ちゃんは変じゃない
…もちろん これも
災いなんかじゃないからね
ゆ…結菜さん
その根拠は…？
それは
…ふたりで
考えていこう
…うん
…私も
結菜さん
みたいに
強くなります
ぐすっ
…私ひとりで
凜ちゃんの
不安を消して
あげられるか
ちょっと
心配だけど…
キーンコーン
カーンコーン…
「ふたりだけの秘密」
って言ったのは
私なんだから
時間がかかっても
凜ちゃんと私の
ふたりで解決しよう！
ほらほら 休み時間
終わっちゃう！
教室に戻ろっ
…うんっ

問題を小さくして取り組む
——分類・分解する力

「必要な情報を箇条書きで書き出して、グループに分けることで、優斗の問題の解決に一歩近づいたね」

「論理的思考力を身につけて考えれば、私の身に起こる災いの解決策も見つかるのかもしれません……。改めて、私が抱えている問題について、具体的に整理してみます」

「凛ちゃん、災いのことはふたりで力を合わせて、絶対に解決しようね！」

「……うん！」

01

難しいことは「分解」する

「困難は分割せよ」と言ったのはフランスの哲学者デカルトです。

一見複雑で、どのように取り組んでいいかわからない困難な問題は、切り分けて小さくすることで、

・1つひとつの問題への作業量が少なくなる
・問題の本質的な「ツボ」を見つけやすくなる

といった利点があるということです。

Ｐａｒｔ１で学んだように、私たちは見たことのない問題に出会ったとき、仮説をもって試行錯誤することが大事です。しかし冷静になって分析してみると、簡単な問題であったり、見たことのある問題が含まれていることも少なくありません。

たとえば、「算数の成績を上げなくてはいけない」という問題があったとします。

そのとき点数の悪い算数のテスト用紙を前にしているだけでは、何も進みません。

「算数のテストの点数が悪い」という問題は、「計算力がない」「図形の問題が苦手」「文章題を正確に読めていない」「ミスが多い」などの要素によって構成されています。このように「算数のテストの点数が悪い」という問題を分解することができれば、「どこに問題があるのか？」を見つけやすくなります。そして、「ムダな作業に取り組まなくてすむ」のです。

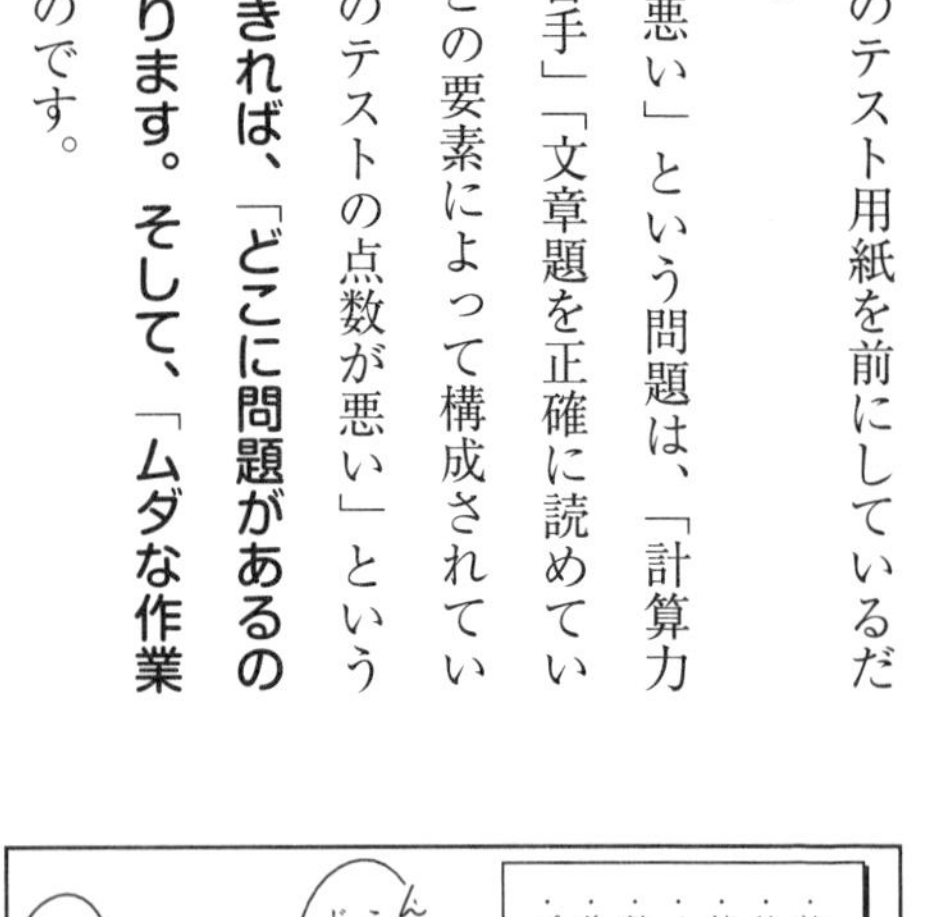

02

問題解決の基本は分解によるチェック

病院で医師に症状を訴えると、問診や検査を受けることになりますよね。

医師は、「頭が痛い」という患者からの訴えを受けると、「食べたものは？」「熱は？」「病歴は？」といった項目を確認していきます。これは「頭が痛い」という問題を、それを引き起こす可能性のある要素に分解し、1つひとつチェックしているのです。

ベテランの自動車修理エンジニアであっても同じことがいえます。

自動車修理エンジニアは、「車が動かない」という問題を目の前にすると、その原因になっている可能性のある箇所を、1つひとつチェックしていきます。

このように、医師や自動車修理エンジニアといった問題解決のプロは、業界の中で蓄積されたノウハウをチェックリストとして機能させることで、的外れな処置をしてしまうことがないようにしています。

そしてそこに、新しい問題に対して試行錯誤した結果を加えていくことで、チェックリストをアップデートさせていくのです。

このチェックリストは経営用語で「**フレームワーク**」と呼ばれ、これまで数多く発明されてきました。ただ、私たちの生活においても、慣れ親しんだ作業に対してそれぞれチェックリストを持ち、問題解決に活かしているはずです。

「自分の子どもが起きてから、学校へ行くまでにやることリスト」や、「家の中で物がなくなってしまったときに、探すべき場所リスト」なども、立派なチェックリストです。

このように、**問題解決の第一歩として大事なのが**「**分解**」なのです。

03

まず考えるのは「どんな要素に分解できる?」

私たちは、**困難な問題を目の前にしたとき、「どのように解決するのか?」を考えるより先に、「どのような要素に分解できるのか?」を考えるべき**です。

たとえば、ある八百屋さんが儲けの少なさに悩んでいたとします。そんなときには、まず「儲け」はどのように生まれるのかを考えます。

利益＝（売値－仕入れ値）×売上個数 －コスト

さらに、次のように分解することもできます。

コスト＝人件費＋宣伝費＋家賃

こうすれば、考えるべき項目がシンプルになります。

問題を分解して考えるときに大事なこととして、MECE（ミーシー）という言葉があります。Mutually Exclusive and Collectively Exhaustive の頭文字をとったもので、**「モレなく、ダブりなく」**という意味です。追求しすぎて行動に移せなくなるのは考えものですが、目の前の問題をモレなくダブりなく分解することができると、問題解決に近づくのです。

【例】「考えモレ」はない？

・算数以外の科目の勉強を忘れていないか？
・売上ばかり考えて、利益を忘れていないか？
・成功した場合のことばかり考えて、失敗した場合のことを忘れていないか？
・自分のことばかり考えて、他人のことを忘れていないか？

【例】「考えのダブり」はない？

・「算数の文章題の対策」と「国語の読解問題の対策」

⬇「文章の構造を正しく理解する力」がダブっている

・まず「好きなもの」、次に「得意なもの」を勉強する

⬇「好きで得意なもの」がダブっている

04

時間軸で分解・チェックする

「どのような順序で行われているのか？」という視点で分解することで、「いつ問題が発生しているのか？」が探しやすくなることがあります。

たとえば、遅刻をしがちな子どもの「朝起きてから家を出るまで」のプロセスを時系列で分解してみましょう。次ページの上の図を見てください。

7：30	7：40	7：50	8：00	8：10	8：20	8：30
起床	朝ご飯	部屋に戻って着替える	ランドセルの中身を確認		家を出発	始業

問題文を正確に読みとる → 目的を確認する → 手段を思い出す → 計算をする → 答えを表現する

そうすると、「ランドセルに教材を入れるのは前日にできるかもしれない」「就寝時間を早めれば早起きできるかもしれない」などの打ち手を思いつくことができるでしょう。

学習塾ロジムでは、生徒の「苦手」を細かく分析しています。たとえば、「算数の問題を解く」という作業は、右ページの下の図のように分解することができます。これをチェック項目として活用することで、どこに問題があり、どんな対策が必要なのかが見えてきます。

問題というものは、「いつ」「どこで」発生しているのかが判明するだけで、打ち手が明確になることがあります。右ページの図のように書き出してみると俯瞰して見ることができるようになるので、「時間」「場所」を分解して特定するという作業をつねに頭に入れておいてください。

05

より大きな問題を捉える

問題を分解する意味は、「問題が起きている本当の場所」を特定し、「何をすればよいのか?」を具体的に知るためです。そして目の前の問題は、じつはより細かい問題の集合であり、それを分解すると手をつけやすくなります。

そう考えると、**今目の前にある問題は「もしかしたらもっと大きな問題の一部なのではないか?」**とも考えられますよね。そのため、分解の次のレベルとして、「より大きな問題を捉える」という作業についても考えてみましょう。

たとえば、「国語の成績が悪い」という問題があったとします。これまで紹介してきた考え方で「国語の成績はどのように分解できるのか?」「国語の成績が悪いのはなぜか?」と探れば、「接続語の理解」や「指示語の理解」などと分解できます。

ですが今回は、それとは逆に「なぜ国語の成績が悪いと問題なのか?」と考えてみましょう。一例ですが、そうすると「入試に合格できない」という一段深い問題にたどりつくことができます。「国語の成績が悪い」は、「入試に合格できない」という問題を分解したときに見つけられる一部分なのです。

ここで新たに発見できた「入試に合格できない」という問題について考えてみます。これはどのように分解できるでしょうか?

「国語の成績が悪い」という分解要素をヒントとして考えると、「算数の成績が悪い」「理科の成績が悪い」「社会の成績が悪い」といった分解の仕方があると思

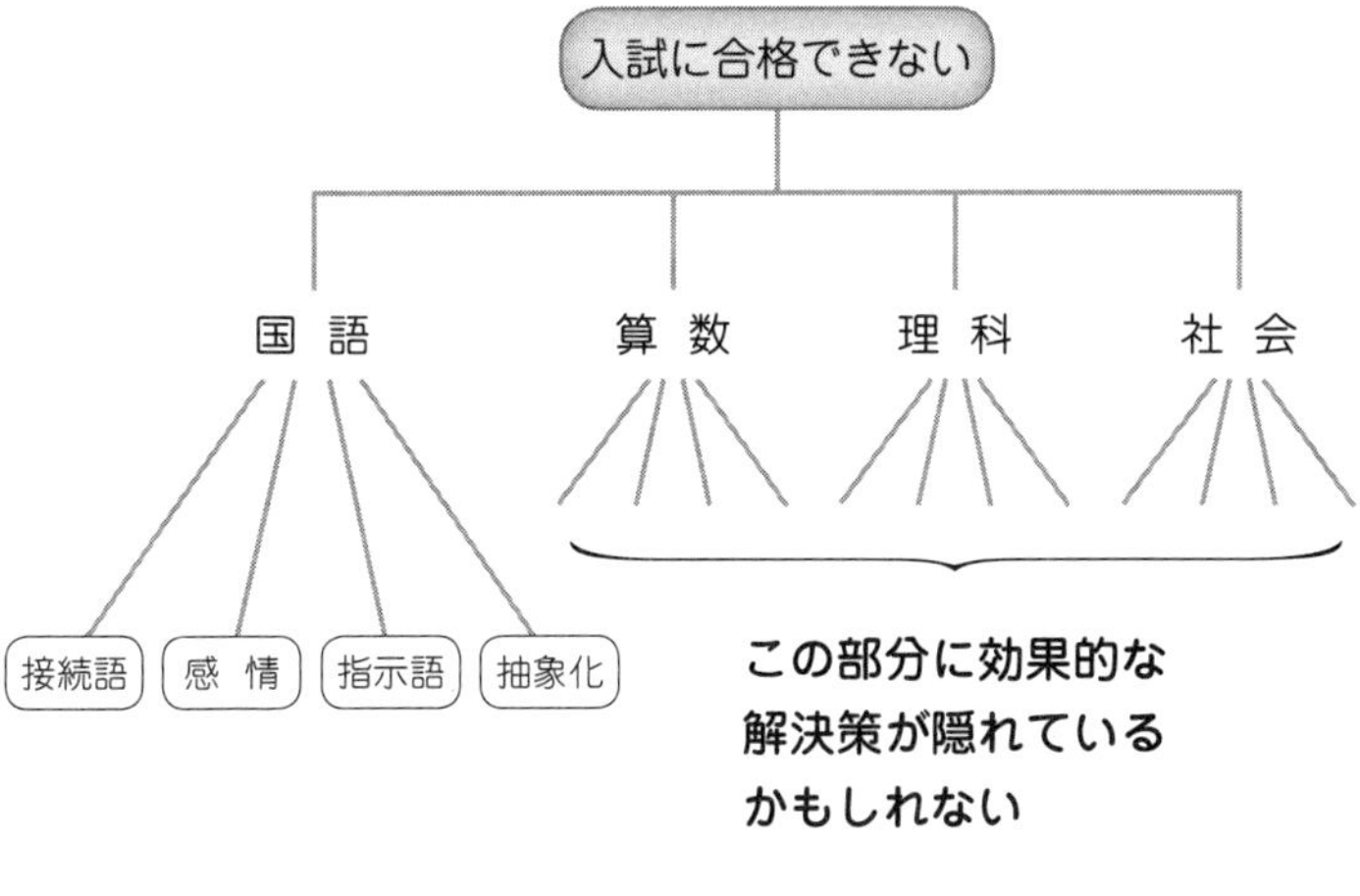
入試に合格できない
国語
算数
理科
社会
接続語
感情
指示語
抽象化
この部分に効果的な解決策が隠れているかもしれない

いつくはずです。

目の前の「国語の成績が悪い」は、じつはもっと大きな「入試に合格することができない」という問題の一部分であり、ほかの要素を把握することもできました。「**目の前の問題をなぜ対処すべきなのか?」と、問題そのものを批判的に捉えることで問題の全体像が見えてきた**わけです。

この場合、「入試に合格する」という大目標があるわけですから、「国語の成績を上げる」という対処にこだわる必要はありません。ほかの3科目によって達成してもいいのです。

これは「**ロジックツリー**」と呼ばれるフレームワークです。先ほどまでの分解を横の分解とすれば、それに加えて縦の分解も駆使しているといえるでしょう。この作業を行えば「より効果的な対処法」を見つけられる可能性が広がります。

COLUMN 2

「できること」と「できないこと」を一緒に分解してあげよう

子どもたちが問題にぶつかったときとまどってしまう原因は、問題を解決する技術がないのと同時に、「できない」ということに慣れておらずパニックになってしまうためです。「できなかったらどうしよう」「恥ずかしい」といった気持ちは、子どもにとって非常に大きなものなので頭が真っ白になることも少なくありません。

最初の一歩として、「できること」と「できないこと」に分解する作業を、保護者の方が一緒にやってあげてください。そして、「できること」をしっかりほめてあげることです。この作業ができるようになると、わからない部分が明らかになります。

そうすると、

- **わからない部分を集中的に考えることができる**
- **わからない部分を正確に伝えて質問することができる**

・わからない部分を正確に表現することで、適切な手助けを得ることができる

ことで、問題解決に大きく近づけるわけです。

また、教える側も「やるべきこと」と「やりたいこと」を区別して考えることが大事です。「やるべきこと」を明らかにすることと、それを子どもにとって「やりたいこと」にしてあげることは別の作業なのです。

ここをおろそかにすると、子どもが「やるべきこと」をいつまでも実行してくれないという行きづまりになります。

考えてみてください。医師が最善の治療法を考えることと、それを患者にどうやって受け入れてもらうかを考えることは、別の作業ですよね。また、最善の治療法を諦めて、受け入れてもらえるような治療法に変更してしまうこともないのです。「何が最善か」を考えることと、「どう受け入れてもらうか」を考えることは独立した問題なのです。

つまり 優斗くんが抱えてる問題は…「ゲームをやめる」か「時間を減らす」か「ゲームをする時間を維持《いじ》する」かっていうことだったのね
他に削れる時間がないなら
そこをどうにかするしかないよ

Part 3

論理の穴に気づく力

Story 3

学校の成績が上がる方法は？

ユニバーサル会計事務所
プログラミング教室
ロジカル
はい それでは今日はここまで
気をつけて帰ってね
せんせー さよーなら
ペコッ
オレのロボット なかなかタイム縮まらないなぁ
プログラムをもっと見直してみたら?
蒼ちゃん帰らないの?
蒼《あおい》
うん
今日はお母さんが迎えにくるからここで待ってるの
そうなんだ
バイバーイ

カラ カラ カラ…
あっ
しまった 筆箱 忘れてきちゃった！
あらら
今度 教室行くときでいいんじゃないか？
今晩 宿題に使うもん
じゃあ 教室に戻りましょう
みんなして戻ることないよ 私 ひとりで行ってくる
バイバーイ
またあした学校で
プログラミング教室

ですから！プログラミング教室と言いながら遊んでるだけじゃないんですか!?

そのせいで遊び癖《ぐせ》でもついたんですよ！でなきゃ うちの蒼の成績が下がるはずありません!!

論理的思考力を身につけてもらおうと工夫してまして…

とにかく蒼は本日でやめさせていただきます！

ムッ
待って おばさん!! この教室は論理的思考力も学べてためになるんです だから…

ゆうなちゃん!?

だぁれがおばさんですってぇ!?!!

キシャァァァ

結菜ちゃん
ごめんね…
今 大事な
お話中だから
でも
先生…
申し訳
ございません
奥の部屋で
続きを…
いいでしょう!
むぅうう
…っていうことが
昨日 あのあと
あってさ!
そんな…
蒼ちゃん 本当に
やめちゃうの?
それはまだ
わかんない
けど…

成績かあ…そういえばオレも前のテスト悪かったな
それは勉強してないからでしょ！
蒼ちゃんと一緒にしないの！
なんだよぉ！オレばっかり
だって本当のことでしょ
どうするのか蒼さんに聞いてみませんか？
そうだねD組の教室に行ってみよう
4年D組
…私はやめたくないんだけどお母さんがカンカンで…
なんとか今月中までは行けることになったけど
プログラミング教室に行ってるせいで成績が落ちたんだって…
じゃあ 成績とプログラミング教室が関係ないってことを納得《なっとく》してもらえば…
でもどうすればいいのか
なぜ成績が下がったのか自分でもわからなくて……
蒼ちゃん真面目《まじめ》だし勉強ちゃんとやってるからねえ
けっこうレベル高い塾行ってるもんね

ごめんなさい
蒼さん…
それは私が
悪いんです
えっ？
私の5つの
災《わざわ》いが…
は～いはい
凛ちゃ～ん
それは
言わない
お約束！
これは災い
なんかじゃないよ
…その根拠《こんきょ》は？
美鈴先生と一緒に
考えれば
ハッキリするよ！
うーん
そうねえ…
プログラミング
ご家庭で決めたことに
私が口出しするわけには
いかないんだけど
蒼ちゃんの成績が下がった理由より
プログラミング教室に通い続ける
メリットを訴《うった》えてみたらどうかな？

実際 プログラミング教室は 学校の勉強とは違うから 成績に直結するわけじゃないし
論理的思考力も 今すぐ役立つとは限らない…
でも先生 将来 役に立つって 言ったじゃん！
ええ だからそのことを 論理的に説明して 納得していただくの
論理的思考力が 役に立つことを 論理的に説明…
何かを 主張《しゅちょう》するとき きちんと 理由を示すと 論理的な説得力《せっとくりょく》が増すわ
理由を 示すって どう考えれば いいのか…
そうだね じゃあ こんなふうに しましょう
この文章の空欄《くうらん》に入る プラスイメージの理由を みんなで考えてみよう！
論理的思考力は
から
これからも続けたほうがいい

プラスイメージかあ…「論理的思考力は超かっこいいからこれからも続けたほうがいい」とか？
かっこいい？どういうこと？
いや…ただ思いついただけ
真面目にやりなさい
わかりやすい因果関係《いんがかんけい》がないと意味不明な主張になるわ
ちゃんと説明できる事実かどうかを意識して考えてみてね
あの…では「論理的思考力は東京大学の入試問題も解ける力がつくからこれからも続けたほうがいい」というのはどうでしょうか
凛ちゃん それいいね！でも 本当なの？
図書館で論理的思考力の本を読んでみたらそんなことが書いてあって…
すげえな 凛！図書館なんか行ってんのか
オレ行ったことねえ
それなら蒼ちゃんのお母さんも納得するんじゃない？
本に書かれてるってだけで信じるかなあ…
じゃあ 実際《じっさい》東大の問題を解いてみたら？
えー!?

次の日
プログラミン
教室
ロジカル
今日はみなさんに東大の入試問題を解いてもらって…
この教室で重視《じゅうし》している論理的思考力の有用性《ゆうようせい》を蒼ちゃんのお母さんにご理解いただこうと思います
蒼がどうしてもと言うから来ましたが…小学生が東大の問題なんて！
解いてもらうのはトウギョという魚の行動に関する問題です
トウギョ？
学名ベタ 和名トウギョ（闘魚）…闘争心《とうそうしん》の強い魚として知られてるわ
オス同士がナワバリ争いをするの
このトウギョをガラスの水槽《すいそう》で飼育して次のような実験を行いました

水槽の片隅《かたすみ》に　餌《えさ》を食べられる場所を作り
その背後（水槽の外）に　回転する円板をとりつけた

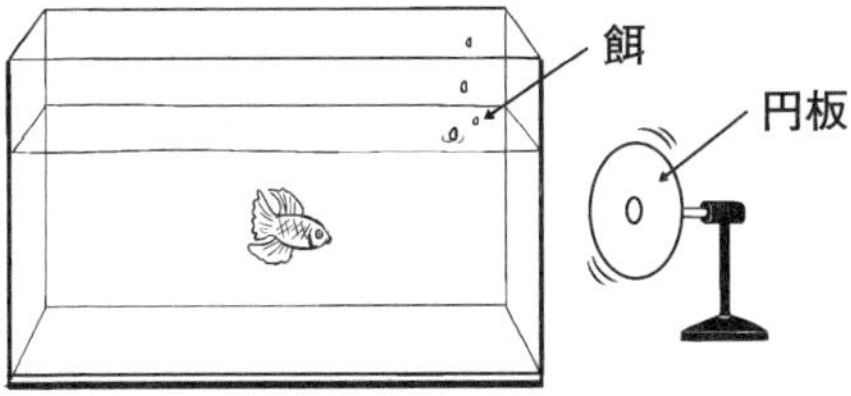

円板は　灰色のもの（円板A）と
白と黒に塗《ぬ》り分けられたもの（円板B）を用いた

円板A　　円板B

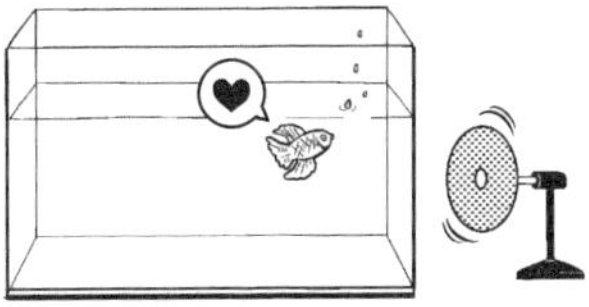

円板Aを回転させているときは
トウギョに自由に餌を食べさせた

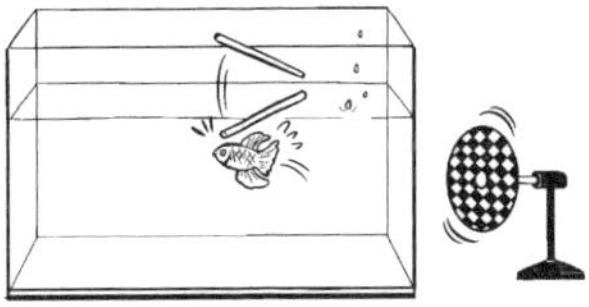

円板Bがゆっくり回転しているとき
トウギョが餌を食べようとすると
邪魔をした

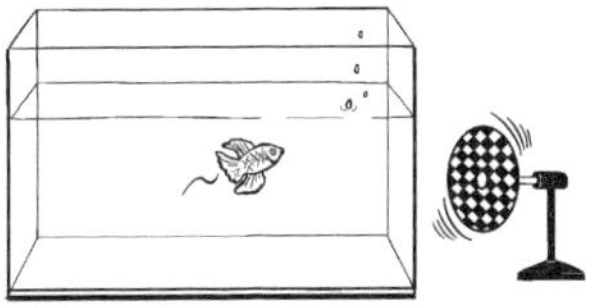

するとトウギョは
円板Bが回転しているときは
餌に近づかなくなった
しかし　円板Bの回転の速度を上げると
トウギョは餌に近づこうとした

設問

トウギョは　円板Bの回転の速度が上がったとき
なぜ餌に近づこうとしたのか
20字以内で答えなさい

＊2005年　化学　第2問　一部改変

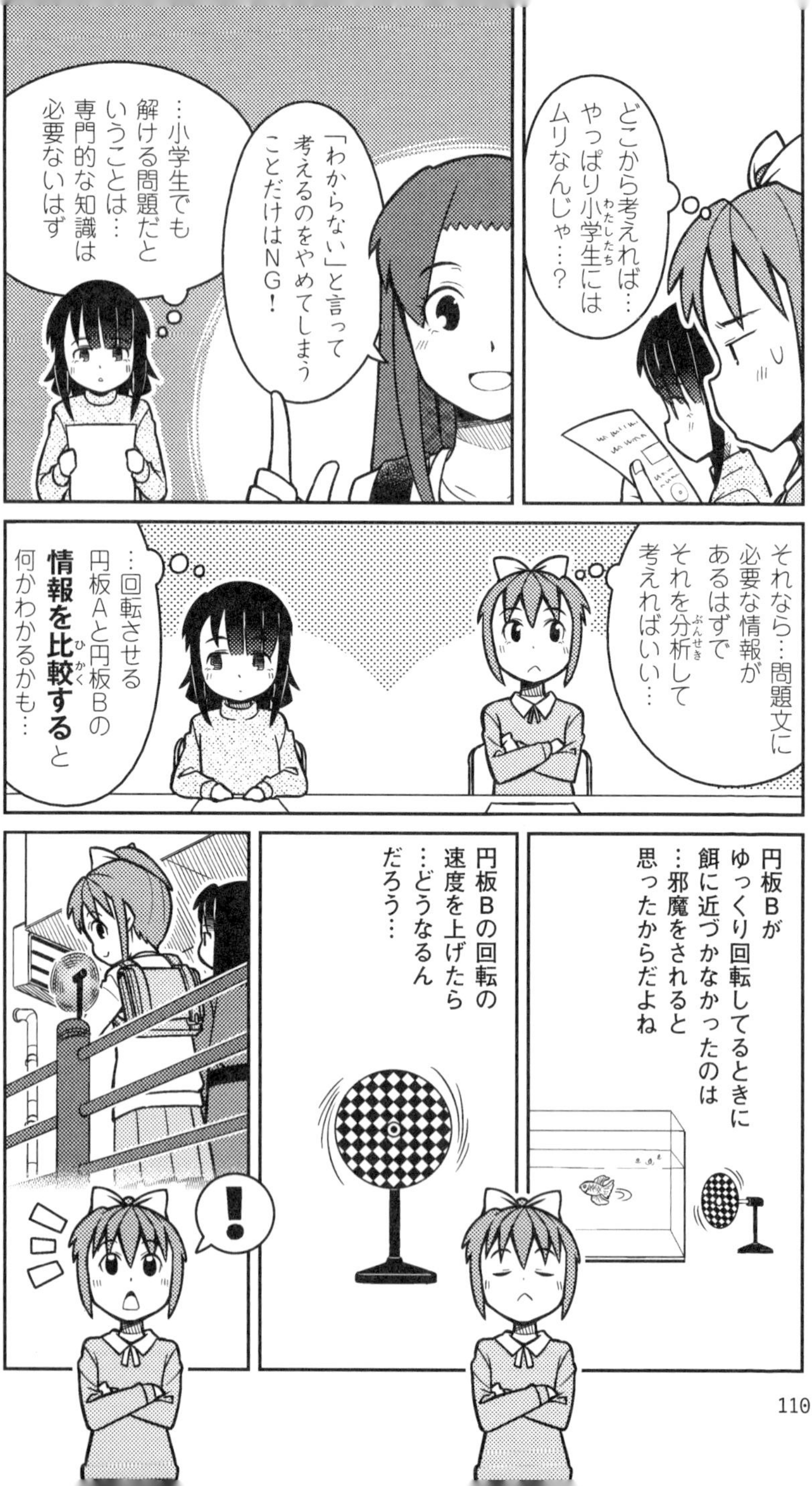

どこから考えれば…

やっぱり小学生《わたしたち》にはムリなんじゃ…?

「わからない」と言って考えるのをやめてしまうことだけはNG!

…小学生でも解ける問題だということは…専門的な知識は必要ないはず
それなら…問題文に必要な情報があるはずでそれを分析《ぶんせき》して考えればいい…

…回転させる円板Aと円板Bの**情報を比較《ひかく》する**と何かわかるかも…

円板Bがゆっくり回転してるときに餌に近づかなかったのは…邪魔をされると思ったからだよね
円板Bの回転の速度を上げたら…どうなるんだろう…

!

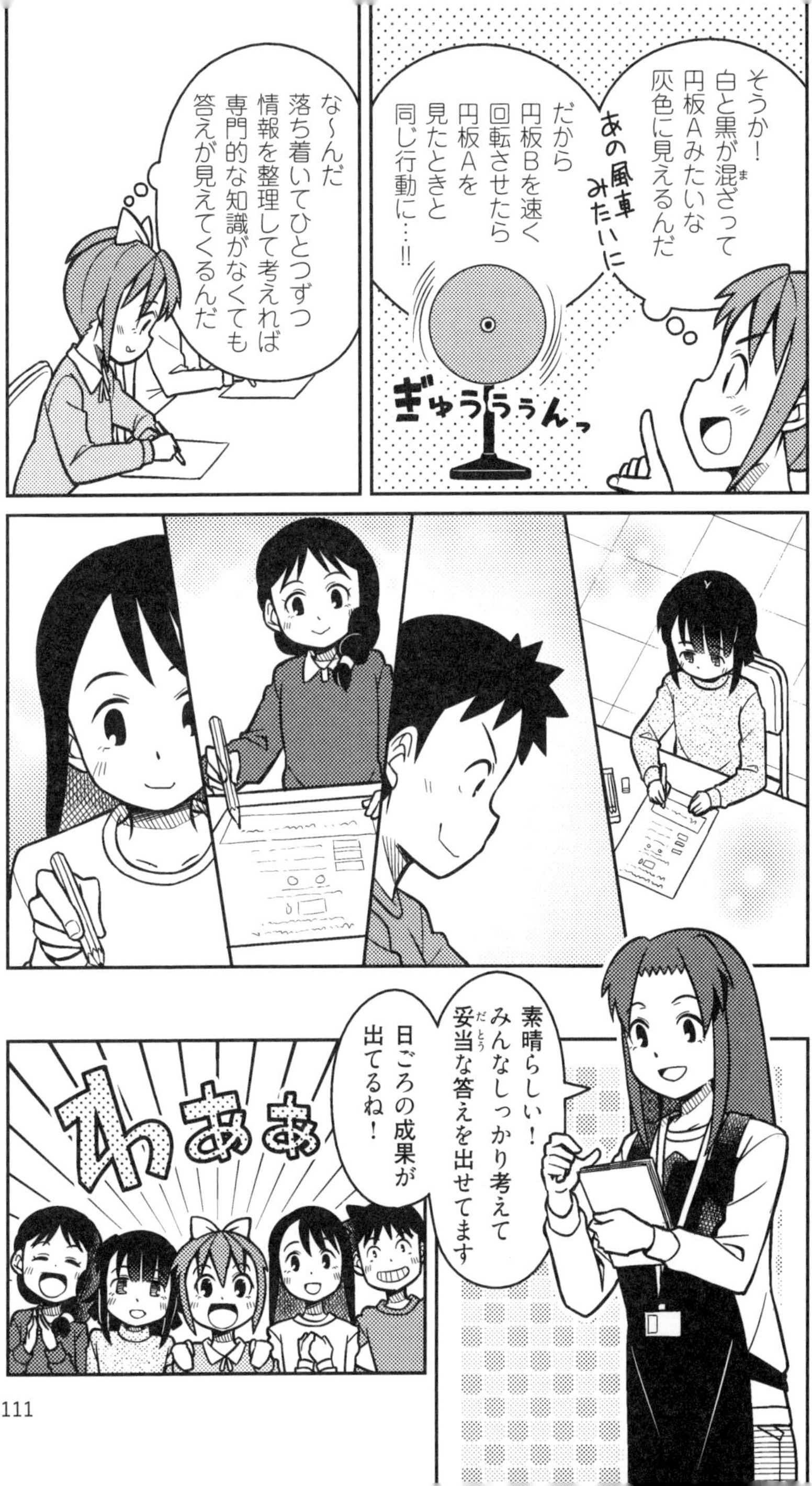

そうか！白と黒が混《ま》ざって円板Aみたいな灰色に見えるんだ
あの風車みたいに
だから円板Bを速く回転させたら円板Aを見たときと同じ行動に…!!
ぎゅううぅぅんっ
な～んだ落ち着いてひとつずつ情報を整理して考えれば専門的な知識がなくても答えが見えてくるんだ
素晴らしい！みんなしっかり考えて妥当《だとう》な答えを出せてます
日ごろの成果が出てるね！
わぁあ

どうですか？ おば…蒼ちゃんのお母さん！
お母さん…
東大入試は 知識だけでなく 思考力を問う問題… 暗記だけでは太刀打《たちう》ちできない
それを解けるようにした 論理的思考力と この教室には…感服《かんぷく》しました
じゃあ!!
ですが！ 今の蒼には 東大の問題よりも 小学校の成績と向き合う ことのほうが大事です
この教室に通って 成績が落ちたのは事実… やはり 退会します
え〜!? なんでぇ!?
プログラミング教室より もうひとつ 別の学習塾に通うほうが 蒼のためになるはずです

い…今のお話…論理に穴がありませんか？
凛ちゃん？
成績の下がった理由がこの教室に通ったことだと断定《だんてい》する根拠がありません…
ほかの理由は考えられないのでしょうか
そうだよ！プログラミングを習うと成績が下がるって言うの？
この教室に通うことで蒼ちゃんが勉強を怠《なま》けたりしましたか？
学習塾もレベル高いとこに行ってるんだろ？
う…それはそうだけど…
じゃあほかの理由って何です？
そんなこと言われても知らないけど…
ほかの理由が思いつかないからってこの教室のせいにするのは 論理的じゃない
因果関係がハッキリしないなら分けて考えるべきです！

蒼ちゃんはどうしたい？ハッキリ言おう！
お母さん 私 プログラミング教室に通い続けたい！
学校の勉強も頑張《がんば》るから…お願い！
…結論を出すのが早すぎたみたいね…
学校の成績のことはもう少し様子を見ましょう
蒼のことこれからもよろしくお願いいたします
お任せください！
やったぁぁ！

とりあえず
よかった
よかった
私…
蒼さんの
成績が
下がった
理由…
心当たりが
あります
え？
ホント？
たぶん…お母さんの
心配とか期待《きたい》とかが
プレッシャーに
なってるんじゃ
ないかと…
成績が上がらなかったら
また考えますからね
う、うん
私も…ちょっと
似てるかなって…
凛ちゃんも
大丈夫だよ！
…うん！

Part 3 解説

成功・失敗から正しく推論する
——論理の穴に気づく力

「蒼さんがプログラミング教室をやめずにすんで、本当によかったですね」

「うん、そうだね！　それにしても、まさか東大の入試問題を解くことができるなんて、自分でもビックリしたなぁ」

「論理的思考力が身についてきている証拠かもしれませんね……」

「よーし！　もっともっと頑張って、ふたりで凛ちゃんの宿命を解決しよう！」

「頑張ります……！」

01

まわりに伝えて、巻き込む力が問われてくる

子どもが何かをしてもらいたいとき、最初にする行動は「騒ぐ」です。これには「泣く」などの感情表現も含まれます。言葉がわからない中で、騒ぐことによってまわりの大人に気づいてもらう。そして問題を解決してもらうことで、騒いで伝えることの効果を学ぶのです。

そこから成長していくと、まわりの大人はタダでは動いてくれない存在になります。すると、「理由を説明する」という子どもにとって最初の大きな壁が現れます。

小学校低学年の教室では、「エンピツを忘れたので貸してください」と言える生徒と、ただ泣いてしまう生徒、ごそごそとバッグをあさってエンピツがないことをまわりに気づいてもらおうとする生徒など、説明能力に差が現れはじめます。

そして、**自分ができないことを的確に伝えて、迅速に他人の助けを得られるかどう**

かは、結果的に自分の能力を高めたり、よい結果を出せるかどうかにつながるのです。

「エンピツを借りられるかどうかなんて、大人になれば誰でもできるようになる」とお考えの方も多いかもしれません。

しかし、ビジネスの現場であっても、「現状を把握して、外部に理解してもらえるように表現する」という力には明確な差があります。「いったい何をしてほしいのかわからない」「そんな理由では誰も巻き込むことができない」、こんなコミュニケーション不足を克服する第一歩が、幼少期の表現練習なのです。

02

「だから」「なぜなら」は正しくつながっている？

「だから」「なぜなら」を使って、意見や結論と一緒に「根拠」を示すと、伝えられた相手の納得感は増しますよね。「○○です。なぜなら、××だからです」という言い回しは、相手に「論理的である」という印象を与えます。

しかし、注意深く考えてみると、その根拠がじつは適切でない場合もあるのです。

「A中学校は進学実績がよい。しかも、最近さらに伸びている。入試問題との相性もよい。学費も安い。だから、A中学校を目指すべきだ」

一見納得してしまいそうですよね。しかし、これはよい点だけを多く、しかも網羅しているかのように表現している、典型的な「**確証《かくしょう》バイアス**」と呼ばれるものです。

都合のよい根拠ばかり並べているけど、実際は

じゃあ!!
ですが！今の蒼には東大の問題よりも小学校の成績と向き合うことのほうが大事です
この教室に通って成績が落ちたのは事実…やはり　退会します

「宿題が多くて、部活をする時間がない」「子どもの志望している学科への進学数は少ない」「成績下位の生徒へのフォローはしていない」などの情報が隠されているかもしれません。

マンガでも蒼ちゃんのお母さんは、ネガティブな情報だけを並べて「プログラミング教室をやめるべき」という結論を出してしまっています。

そうではなくて、**私たちは「だから」「なぜなら」を使って、「正しく」根拠を考えることができるようにならなくてはいけない**のです。

03

「隠れた前提」を疑ってみよう

同じ情報をもとにしていても、違った結論が出てくる場合があります。

「算数はいつもトップクラスで、国語は平均点以下」

だから、

A：算数をもっと勉強するべきだ

B：国語をもっと勉強するべきだ

いずれも、場合によっては論理的な結論といえるでしょう。AとBの違いは、結論を導き出すために使われている「隠れた」前提条件です。

Aは「トップクラスの能力を見せているのであれば、それを伸ばして超一流を目指すべきだ」というような前提です。

Bは「あらゆる科目で平均以上を目指すべきだ」といった前提があります。

同じ情報や状況を目の前にしているのに、結論が違ったり、行動が違ったりする場合は、この前提条件を確認することが大切です。

子どもたちはしばしば「何でそんなことを?」と、大人が信じられないような行動をとることがありますよね。それは、子どもたちが行動する判断基準（＝前提条件）が大人と違っているからなのです。

意識的かどうかは別として、このような見えにくい前提条件を掘り下げていけば、意見や行動の食い違いを理解し、擦り合わせていくためのきっかけにすることができます。

また、前提条件を確認しないと、正しい論理展開をすることができません。お互いに隠し持っている前提が違うままで議論を進めても、「なぜ違うのか?」が判明していないわけですから、かみ合わないのは当然です。

同じような前提に関するすれ違いとしては、「言葉の定義・基準」の理解が異なるという場面も多く見られます。

たとえば、

A:子どもが身の危険にさらされる、他人に危害を加えるということがどういうことなのかを理解するためには、体罰によって痛みを疑似体験させることが必要なのです。だから、体罰には賛成です

B:体罰が許されていると、それを見た子どもは「自分の思いどおりにならない人

は暴力によって従わせてもよい」と学習してしまい、暴力的になってしまいます。だから、体罰には反対です

という議論を考えます。

ここでは、

A：体罰＝身体への危害を理解できていない子どもに対して行うもの

B：体罰＝教師の思いどおりにならない生徒を従わせるために行うもの

というように「違った定義」となっています。言葉は同じでも、違うものを対象にしているのです。

次の例はどうでしょうか。

「今日は10分勉強した」

だから、

A：さらに勉強しなくてはいけない

B：もう勉強しなくてもよい

もうおわかりかと思いますが、「10分の勉強」をどう捉えるかについての「基準の違い」が結論の違いになっています。

このように同じ状況でも結論が違うときには前提の確認が重要です。感情的になって「普通、そんな結論にはならない！」などと人間性を攻撃してしまいがちな場面でもあるので注意が必要です。

04

基本的な三段論法ではまりがちな落とし穴

「人間はいつか死ぬ」
「ソクラテスは人間である」
だから、

「ソクラテスはいつか死ぬ」

聞いたことがある方もいらっしゃるかと思いますが、この論理展開は「**演繹法**《えんえきほう》」ともいわれる**三段論法**です。

「人間はいつか死ぬ」という大前提、つまり100パーセント正しいといえるルールがあり、そこに「ソクラテスは人間である」という小前提、つまり観察した事実があります。そこから「ソクラテスはいつか死ぬ」という結論が発生します。この論理展開では、結論は必ず正しいものになります。

しかし、実際にこの論理展開を使うことはなかなかできません。それは「大前提」の部分に100パーセント正しいルールを置くことが求められるからです。ここに100パーセント正しいとはいえないものを入れたり、「隠れた前提」で説明したように省略してしまったりすることで、結論が違ったり、正しいものではなくなってしまうということがあるのです。

たとえば、

「人は同じ商品ならば安いほうを買う」
「A商店ではこの商品を一番安く売っている」
だから、
「人はみんなこの商品をA商店で買う」

という場合、「人は同じ商品ならば安いほうを買う」という大前提が、本当に正しいルールなのかを確認しなくてはいけません。

これは有名なビジネスの事例でもありますが、「人は同じ商品ならば安いほうを買う」はつねに正しいわけではないことがわかっているので、「人はみんなこの商品をA商店で買う」という結論が、必ずしも正しい結論だとはいえないのです。

算数・数学の世界や、「人は必ず死ぬ」というような前提でもない限り、100パーセント正しいルールなどというものはなかなかありません。

三段論法を使って結論が断定されているときには、大前提の妥当性を必ずチェックするようにしましょう。

05

観察結果の共通点は「ありえそうなこと」

成績の下がった理由が
この教室に通ったことだと
断定《だんてい》する根拠がありません…
ほかの理由は
考えられないのでしょうか

演繹法と並ぶ論理展開として「**帰納法**《きのうほう》」があります。これは、いくつかの観察結果から共通事項としてのルールを導き出すものです。

「**AくんとBさんはテーマパークに行って、別れた**」
「**CくんとDさんもテーマパークに行って、別れた**」
「**EくんとFさんもテーマパークに行って、別れた**」
だから、
「**テーマパークに行くと、カップルは別れる**」

よくある論法です。別れていないカップルも多いはずですので、全体で見ると、このような結論を導くのは無理があります。

100パーセントと99パーセントの間には大きな壁があります。「すべての」カップルが別れるというような言い方は、この論法では不可能です。今回のように「すべての」と明記していなくても、あたかもそうかのような断定をしてしまっている人は少なくありません。


帰納法の論理は、日常生活でよく使われています。人間は、自分の経験の範囲で「こうなるのではないか？」という予想を働かせて生きているともいえます。

自然科学の世界でも、多くの実験から「ほぼ間違いなくルールが存在する」というように導き出されているものを、私たちが100パーセント確実であるかのように受け入れていることもあります。でも、何十年もあとに「じつは違った」や「例外があった」という発見がしばしばありますよね。

いちいち確率について頭を悩ませるのは面倒です。そのため、いつの間にかこの論法で導かれる結論について検討しなくなっていることが多いので注意しなければいけません。

また、この論法の弱点である「限られたサンプル」を乗り越えようとしてよく使われるのが、「みんな」という言葉です。「みんながやってるから」「みんなが言ってるから」と、あたかも「すべてのサンプル」を観察したかのように錯覚させるものです。

これは子どもだけでなく、大人もよく使ってしまいます。「競合はみんな○○をしている」「顧客というものはみんな××」と、言いたい内容に説得力をもたせようとしたときに、無意識に使っている場合が多いようです。

何気ない会話の中で使っている場合には支障がないかもしれませんが、ビジネスの場や学術的な話をしているときにまで不用意に使ってしまうと、感度の高い相手にはすぐに気づかれてしまいます。そして、「サンプル数を雑に考えている」という印象を与えてしまうでしょう。

06

逆と裏と対偶の話

「AならばB」に対して「BならばA」という形の文章は、もとの文章の「**逆**」と呼ばれるもので、必ずしも正しいとはいえません。**「友だちが嫌がること」**は**「やってはいけない」の逆は、「やってはいけないこと」は「友だちが嫌がること」**ですが、「友だちが嫌がること」以外でも、つまり「友だちが嫌がらないこと」でも「やってはいけないこと」がありますので、この文章は正しいとはいえません。

図で考えるとわかりやすいでしょう。次ページの図の★マークを見てもわかるとおり、カンニングの手伝いは「やってはいけないこと」ですが、「友だちが嫌がること」ではありませんよね。

また、**「AならばB」に対して「AでないならばBではない」**という形の文章は、もとの文章の「**裏**」と呼ばれるもので、こちらも正しいとはいえません。**「友だちの**

嫌がらないことはやってもよい」となるからです。132ページの図の★マークの事柄を考えてみましょう。先ほどと同じように「カンニングの手伝い」は「友だちが嫌がること」の外にありますが、「やってもよいこと」の中には入りませんよね。

これに対して、「**BでないならばAではない**」という形の文章は、もとの文章の「**対偶**《たいぐう》」と呼ばれるもので、もとの文章と同じ意味をもちます。「**やってもよいこと**」**ならば、それは**「**友だちが嫌がることではない**」は、もとの文章の「友だちが嫌がることはやってはいけない」

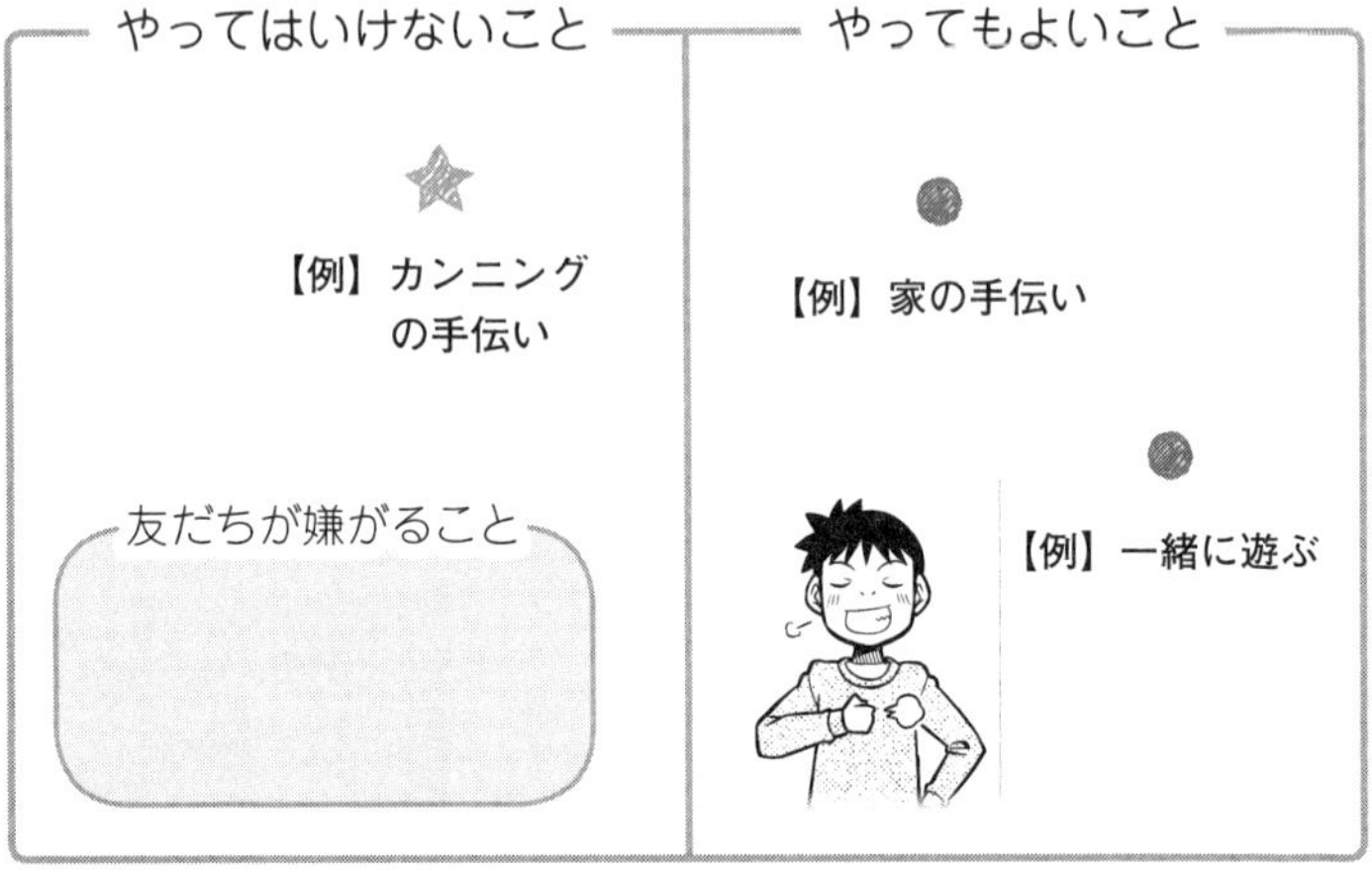
やってはいけないこと
やってもよいこと
【例】カンニングの手伝い
【例】家の手伝い
【例】一緒に遊ぶ
友だちが嫌がること

になっているので、もしある事柄が「やってもよい」ものならば、それは「友だちが嫌がるものではない」といえますよね。

上図の●マークのところにある事柄は、いずれも「やってもよいこと」です。「友だちが嫌がること」の円の中には絶対に入ることができません。

ほかの理由が思いつかないからってこの教室のせいにするのは 論理的じゃない
因果関係がハッキリしないなら分けて考えるべきです！

COLUMN 3

指摘するよりも、まずは一緒に論理の穴に落ちてみよう

お子さんの「何でかっていうとね」の説明は、最初のうちはまったく説得力のないものです。人生経験が少ないのですから、**どのような説明が相手にとって必要十分なのかを判断することができない**のです。「買って！　何でかっていうと、ほしいから」など完全な自分本位の論理展開しかできなかったり、そもそも嘘だったりということがほとんどでしょう。

保護者の方も、そういった未熟な論

理展開を訂正してあげようという意識が働くと気になって仕方がないはずです。しかし私の経験上、そういった論理展開について1つひとつ「ちょっと待って！　今のおかしくない？」と止めてしまうと、**子どもは話すことに対して恐怖心を覚えるようになってしまいます**。ただでさえ、「泣く」といった感情表現だけでは助けてもらえなくなったことに対してストレスを感じ始めている時期です。「何で

かっていうとね」と話せるようになっただけでも大きな進歩なのです。
コミュニケーションのコツとしては、

・最後まで聞いてあげること

・論理の穴は指摘するのではなく、一緒に落ちてあげることで気づかせること

が有効です。

たとえば、保護者の方が「みんなやってるらしいから、毎日肩もんでよ！」なんて、わかりやすい嘘をついてみたらいかがでしょうか？　「みんなが～」という根拠がいかに伝わらないものなのかを理解してもらうことにつながります。

この文章の空欄《くうらん》に入るプラスイメージの理由をみんなで考えてみよう！
論理的思考力は
から
これからも続けたほうがいい

Part 4

自分の考えをまわりに伝える力

Story 4

正しい結論にたどり着くには？

早朝の学校
んしょ
んしょ
よいしょっと
みんな
おはよー
陽菜《ひな》
カパッ
あー!!
たまごだぁ!

4年A組
へえ～ セキセイインコが 卵 産んだんだ！
うん！ ヒナが生まれるの 楽しみだよ
陽菜ちゃん 飼育係で インコの お世話 頑張《がんば》ってる もんね
えへへ みんな かわいいし やりがい あるよ
でね 生まれてくるヒナのために 巣箱を新しくしてあげたくて デザインを考えてみたんだ
かわいいのが いいよね♥
へえ いいじゃん！
えへへ そう？
でも もっと かわいく できないかな って思うん だよねえ…
ん～
どうしよう
学級活動で みんなに 聞いて みては どうで しょうか
あっ そっかぁ やって みるよ！

というわけで
インコのかわいい巣箱
巣箱のデザインをみなさんからも募集《ぼしゅう》したいと思います
かわいい巣箱を考えてください
ちょっと待てよ何で「かわいい」限定なんだよ
え…？
学校で使う巣箱なんだから飼育係の個人的な好みで限定されるのはおかしいぞ
そうだ
そうだ
で…でも生まれてくるヒナにはかわいい巣箱のほうがいいと…
かわいい巣箱のほうがいいって根拠《こんきょ》は何だよ？
インコのかわいい巣箱
こ…根拠って言われても…
ぐすっ

ちょっと!! そんな責めなくてもいいじゃない！
オ…オレは意見を言っただけだぞ
びくっ
バン
とにかく！陽菜ちゃんが次の学級活動で根拠を説明すれば文句ないでしょ
…結菜ちゃん
いぎなし
さんせ〜
はあ…
…はあ〜 かわいい巣箱の根拠…
ニんきょ…
私は かわいいのが好きだから それがいいって思っただけで 根拠なんて特にないよお…
じゃ 別にかわいくなくてもいいんじゃね？
いつも世話してる陽菜ちゃんがそうしたいって言ってるんだから！
だって 巣箱って学校のだろ？誰かひとりのものじゃねえんだから
何よ 優斗ってば うちのクラスの男子みたいなこと言って！

クラスの男子も意地悪だなって思いました…
男子なんてみんなそんなもんよね
な…何だよお…
インコたちにとっていいことだと思ったのに…何でこんなことになっちゃったのかなあ…
…陽菜さんごめんなさいきっと私の責任です
え?
私なんかに近づいたから陽菜さんに災《わざわ》いが降りかかって…
え? え? 災いって何!? 私怖いのニガテだよぉ
フフフ
は～いはい凛ちゃん!
それは言わないお約束!
それにこれも災いじゃないから
フフフ
結菜さんその根拠は?
びくっ
フフフ
こ…根拠…
それは…これから美鈴先生に相談に行こう!

ユニバーサル会計事務所
プログラミング教室 ロジカル
なるほど…陽菜ちゃんが次の学級活動でする――
巣箱のデザインコンセプトのプレゼンテーションを上手にできるかってことね？
あの…すみません 私 ここの生徒でもないのに…
まだ授業が始まる前だし時間あるから大丈夫！
美鈴先生…こういうことも論理的思考力で何とかならない？
私たちは 他人の主張《しゅちょう》を聞いたとき「それはどれくらい本当なのかな」「答えは本当にそれだけなのかな」って疑問に思ったりするわよね
聞き手のこうした疑問はその場で 十分な回答が得られず解消されないことが多い…そうなると
もとの主張は「弱い」主張と判断《はんだん》されてしまうの
な…なるほど

だから あえて あらかじめ 自分の主張への 反論や疑問《つっこみどころ》 を考えてみることで
できるだけ「強い」主張に しておくと いいの
は…はい！
じゃあ「巣箱はかわいい」と 思う理由を 整理してみようか
前やったみたいに 書き出して いくんだね！
かわいい巣箱だと セキセイインコに愛着《あいちゃく》がわく
かわいい巣箱だと 見ていて心が和《なご》む
かわいい巣箱だと セキセイインコを守ってあげたい 気持ちになる
かわいい巣箱だと 飼育係のやる気が上がる
こんな ところかな？
うん そうだね

次にこれらに対する反論を考えてみよう
ん～そうだなあ…
まず巣箱がかわいいからってインコに愛着はわかないなあ
それは 優斗が男子だからでしょ
決めつけるなよ！女子にだってかわいさに共感しないヤツもいるだろうし
うぐっ…優斗《すると》のくせに鋭いことを！
でも それなら逆に男子の中にも かわいさに共感する子がいるかもね
そうだけどそもそも「巣箱のかわいさ」イコール「インコへの愛着」になるのか？
インコに愛着もつためなら観察日記をつけるとかほかにも方法はあるじゃん

ほかの理由も同じだよなぁ
共感しない人には納得できない理由ばっかりで…オレが男子だからなのかなあ…？
優斗くんの反論に対して再反論はあるかな？
ぐぬぬ…優斗のヤツ好き放題《ほうだい》言ってくれちゃってえ！
きぃぃぃぃ
反論ってほどじゃないけど…飼育係は全員女子なの
男子は誰も立候補《りっこうほ》しなかったから…
ああそうなんだ
飼育係って大変ですよね…朝はみんなより早く登校して掃除したり 餌《えさ》やりしたり水やりしたり…
夏休みや冬休みも学校に行かなきゃいけないのよね
う…うんまあね…
すごいね！ そんなのよっぽどやる気がなきゃ続かないよ！
あ…それだ!! 飼育係がやる気をもち続けるためにもかわいい巣箱を作る必要があるんだよ！

それなら納得してもらえそうだね
…私も賛成です
わい
わい
よ～しじゃ　その線で話す内容をまとめよう！
何だかなあ…本当にこれでいいのかな……？
みんな先生からひとつだけ
論理的思考で大事なのは思考の方法であって導いた結論をゴリ押しすることじゃないの
自分が出した結論に穴があるかもしれないことは忘れないでね
は…はい…？
穴…？
数日後学級活動の時間
4年A組

現在 飼育係のメンバーは全員女子です
大変な飼育係の仕事を続けていくには各自のやる気を高める必要があります
女子の飼育係のやる気を高めるためにもかわいい巣箱が最適《さいてき》だと考えます…!
わぁぁぁ!
パチ
パチ
パチ
パチ
よし やった!
手ごたえアリ!!
パチ
質問があります
え?

飼育係は女子だけの仕事なんでしょうか
そもそも どうして飼育係を女子が独占《どくせん》してるんでしょうか
清志郎《きよしろう》
独占って…飼育係を決めるとき男子は誰も立候補しなかったから…
あのときは 今の飼育係のメンバーがそろって立候補して ノリで決まったことになって…男子は入り込めなかったんです
ぼくも 飼育係をやりたかったから あのときのことはよく覚えています
まあそれは もう決まったことだし 今になっていろいろ言いたくないんですが
でも 今回の巣箱は「女子の飼育係のため」とかじゃなくて みんなの意見を取り入れてもらいたいと思います
そーだ そーだ
ザワ ザワ
しまった…美鈴先生が言ってた「穴」って…こういうことだったんだ!

女子の好みだけで巣箱をデザインするなら飼育から 男子を完全に締《し》め出すことになるよな
それは差別じゃねーのか!?
そーだそーだ!
差別だ差別だ
あわ あわ
さ…差別ってそんな…
ごめんなさい!
ガタッ
シーん…
何で 大原が謝ってんだよ?
私…陽菜ちゃんと一緒にスピーチ原稿《げんこう》考えたの
たしかに考え方が偏《かたよ》ってた
…だから ごめんなさい

でも…経緯《けいい》はどうあれ 今 飼育係を頑張ってるのは 陽菜ちゃんたちなんだし…
ゆうなちゃん…
陽菜ちゃんたちの 希望も尊重《そんちょう》しながら 巣箱のデザインを考えて いけないでしょうか
ザワ ザワ
まーそーだよなー
どーする?
あの…巣箱って 今 いくつあるんですか?
え? …えっと 3つです…
じゃあこの際 全部の巣箱を 新しくするのはどうでしょうか
かわいいデザインの巣箱 ひとつを含めて 全部で4つ 別々のデザインの 巣箱を作る…
これなら 多くの意見を 取り入れられる と思います

でも 巣箱4つ作るの大変じゃね？
大丈夫だよ できるできる
わい
自分たちで巣箱作ったらオレたちもインコ見に行きたくなるしな
わい
よ～し じゃあこれからデザイン案を…
わい
清志郎くんのアイデアでうまく話がまとまって助かったねえ
でも その前に結菜ちゃんが謝ってくれたおかげだよ～！
間違いをちゃんと認めないと 本当に正しい結論にはたどり着けない…
美鈴先生が言ってたことを思い出してわかったんだ

…結菜さん ごめんなさい！
えっ？ いきなり何⁉
スピーチの原稿は私も一緒に考えたのに…結菜さんにだけ謝らせてしまって…
ぐすっ
悪いのは私だよ… 自分のことなのに手伝ってもらってあわあわしてただけなんだから…
ぐすっ
陽菜さん…
気にしないで凛ちゃん 陽菜ちゃん！
そもそもだなあ…
あのときオレが 冷静な意見を言ったのに 誰ひとり聞く耳もたなかったんだから責任は全員にあるんだぜ
みんな そのことをもっと反省してだなあ…
やーねぇ 終わったことをいつまでもグチグチと…
ほんっといつまでも根にもつんだから
ねぇ
ねー
えっ？ 何だよそれ⁉
間違いはちゃんと認めるのが論理的思考だろ⁉
何か 優斗《くん》には言われたくない
ひでーよ‼
くすくす

反論や疑問を予測する
――自分の考えをまわりに伝える力

「自分が出した結論を押しつけるだけじゃいけないね。美鈴先生が言ってたことを思い出せてよかった！」

「清志郎くんのアイデアのおかげで、話がうまくまとまってよかったです。でも、結菜さんにだけ謝らせてしまって、本当にごめんなさい……」

「気にしないで、凛ちゃん！間違いをきちんと認めることで、正しい結論にたどり着けたんだから！」

「結菜さん……ありがとう」

01

子どもたちには「会話」の練習機会がない

基本的に、子どもは「会話」が未熟です。小学校の教室を少しのぞいてみれば、そこにほとんど会話はなく、一方的な「発話」がひたすら飛び交っている世界です。それは、子どもたちは会話によって何かを実現しなくてはいけないという立場に置かれることがほとんどないためです。

小学生向けに開講されている学習塾ロジムのコミュニケーションの授業で、子どもたちがもっとも真剣になるのは、「ほしいものを親に買ってもらうためのプレゼンテーションを考えよう」です。これくらい切羽詰まった状況でないと、「伝えよう」「理解してもらおう」という意識は芽生えないものなのです。

また、学校の先生も保護者の方も、細かい指導ができないため、「大体言いたいことがわかる」と、未熟なコミュニケーションを受け流してしまっているのが現状です。

02

友だち〝以外〟と話すことが苦手な子どもたち

「異文化とのコミュニケーション」という話をよく耳にします。しかし、この「異文化」とは、国際ビジネスで相対する「外国」に限定されたものではありません。

共感度の高い友だちとのコミュニケーションにどっぷりとつかってしまった子どもたちにとって、友だち以外は異文化なのです。もはや同じ年齢、同じ学校で育っていたとしても、限られた友だち以外とのコミュニケーションにはストレスを感じてしまいます。

そんな子どもたちが社会人になれば、「顧客」「上司」「同僚」などは、もう立派な「異文化人」です。

社会において私たちは、「共感はできなくても、理解し合おう」という姿勢で、コミュニケーションをとることが求められます。それが、利害関係も文化的背景も違う相手とのコミュニケーションです。

一般的に、異文化コミュニケーションへのストレス耐性は大人になるほど低くなります。そのため、子どもの頃から異文化である相手とのコミュニケーションの機会を作っていくことが大事です。

03

相手の立場を想像できるようになるトレーニング

「伝わる」「理解してもらう」ことは、相手の心を動かして初めて実現します。そのため、**「自分の話を相手はどう感じるのか?」を考えられるようになることが出発点**になります。マンガの子どもたちのように、「ほかのクラスメイトだったらどう感じるだろうか?」「自分が先生だったらどう思うだろうか?」と、一歩立ち止まってみるだけで、コミュニケーションの質は格段に高まります。

学習塾ロジムでは、私が作成した「間違えている算数ノート」を題材にして、「相手を年下だと想定して解説してあげる」という授業があります。これを行うと「優しい言葉づかいになる」など、各自いろいろと考えて「伝わるための工夫」をするようになっていきます。

たとえば、上の式❶のような間違いをしている年下へ説明をしてもらいます。最初のうちは、通分して式❷という、単なる正解の説明だけをしてしまう生徒が少なくありません。

式❶ $\frac{1}{2}+\frac{1}{3}=\frac{1}{5}$

式❷ $\frac{3}{6}+\frac{2}{6}=\frac{5}{6}$

しかし、そこで私が「そうか分数の計算では分母を6にすればいいのか！」などと発言すると、「通分の意味がわかっていない」「通分の仕組みがわかっていない」など、相手の状況を確認することができます。この経験を積み重ねることで、「相手の立場はどのようなものなのか」について意識をめぐらせる習慣と技術が身についていくのです。

04

言葉の定義と前提条件

子どもが自分と相手の立場の違いを理解するためのキーワードは、「言葉の定義」と「前提条件」です。

Ｐａｒｔ３でも説明したように、「言葉の定義」は個人によって違いがあります（122ページ参照）。簡単なところだと固有名詞があげられます。

子どもは突然、「佐藤くんがさ〜」と話し始めることがあります。どこの佐藤くんかは、相手に説明しなくてもわかっているはずだと考えているのです。そんなとき、私も「そうそう！　佐藤くんってさ〜」とまったく違う佐藤くんの話を返してみます。すると、「先生違うよ！　うちの学校の佐藤くんだよ！」と説明してくれます。生徒は「この先生は、詳しく説明してあげないと伝わらない相手なんだ」と理解をしてくれるのです。

ほかにも「きちんと」や「十分に」など人によって定義している状態が違う言葉がありますが、それらを慎重に、確実な形で使う意識を高めていくことは、小学生でも十分に可能です。

また、「前提条件」も立場の違いを学びやすいポイントです。

たとえば、「自分の願い」と「全体の公平性」についての話などは、初歩的でいいでしょう。

「自分の願いを学校の先生に聞き入れてもらえない」と考える多くの子どもは、「自分は最優先である」という前提で話をします。そこで「ほかの友だちだったらどう考えるか?」「それを聞いている先生はどう考えるか?」「自分が先生だったら?」というロールプレイングを行うと、「先生にとって最

優先は全体の公平性」という立場の違いを理解するようになります。すると、「自分の願い」と「全体の公平性」のバランスを考えたり、共通項を考えてＷＩＮ－ＷＩＮの状態にもっていこうという意識が働き始めるのです。

クラスの出し物の劇について話し合っているとき、「私は〇〇がいい。だって大好きだもん」という発言は少なくありません。しかし、立場の違いを理解すると、主語が「クラスにとって」に変化していきます。「クラスにとって、××がいいと思う。なぜなら～」というものです。

保護者の方は普段からこういった言葉に敏感になるよう、笑顔を忘れずに、ゲーム感覚でコミュニケーションをとり、そして学んでいくことが大事です。

05

「理由」についての聞き手の疑問は大きく2つ

たとえば「この教材であなたの成績が上がりますよ」という話を聞いたとき、人は2つの疑問をもちます。

「本当に成績が上がるのかな?」「この教材で成績が上がるかもしれないけれど、ほかによい教材はないのかな?」というものです。つまり、**「それは本当か?」「本当にそれだけか?」**の2点が気になるのです。

何か物事を説明するときには、「理由」をつけると説得力が増します。そこで相手の立場になって、この2点について準備をしておくと、「伝わるプレゼンテーション」とし

私たちは 他人の主張《しゅちょう》を聞いたとき
「それはどれくらい本当なのかな」
「答えは本当にそれだけなのかな」
って疑問に思ったりするわよね
聞き手のこうした疑問はその場で 十分な回答が得られず解消されないことが多い…そうなると
もとの主張は「弱い」主張と判断《はんだん》されてしまうの
な…なるほど

て質が高まります。

「それは本当か？」という疑問に対しては、「本当です！」と感情的に訴えかけても意味がありません。

また、119ページで説明した「確証バイアス」のように、都合のよい話を積み上げても、あまり効果は望めないでしょう。なぜなら、「それは本当か？」という疑念は、発表者があたかも「100％確実だ」という印象を与えていることに対して、「100％などありえない。何だかうさん臭い説明だな」という印象をもっていることだからです。

「この教材であなたの成績が上がりますよ」というプレゼンテーションであれば、「どんな状況ならこの教材は効果的なのか」という情報を提供することが必要です。

「本当にそれだけか？」という疑問に対しても同様に、「これで間違いありません！」というプレゼンテーションではいけません。そうではなくて、相手が想定しているほかの選択肢を、できる限り先回りして比較・分析しておくことが必要です。

「ほかのBという教材の効果は○○です」「Cという教材の効果は××です」という情報があってこそ、目の前の「この教材はあなたの成績を上げるのに効果的です」というプレゼンテーションの真実味が増すのです。

「それは本当か？」に対しても、「本当にそれだけか？」に対しても、重要なことは**「必要な情報を提供すること」**です。情報を隠せていると信じているのは自分だけで、相手は口に出さなくても、この点をつねに考えていると想定して、プレゼンテーションを設計しましょう。

06

プレゼンテーションとは「対話の場」

事前の準備は大切ですが、プレゼンテーションとは準備した内容の「発表の場」ではありません。スピーチのように暗記するものではないのです。暗記した原稿を読み

上げようとすると、思い出すことに集中しすぎて相手にとって聞き取りにくい話し方になったり、相手の想定外の行動に動揺してパニックになったりするといった落とし穴が待っています。

相手がプレゼンテーションに大きく期待していることは、「疑問点の解消」です。それが解消できない限り、質問がなく、大きな拍手で終わったとしても、そのあとに賛同を得たり、思い通りの行動をしてもらえることはありません。

・そもそも原稿の暗記は難しい
・準備した原稿では解消されない、相手の疑問を聞き出すことが重要

この2点を理解しておくと、「硬くなってしまう」ことがなくなります。

面接も同様です。準備した原稿を読み上げるようなプレゼンテーションは、面接ではなく作文の提出みたいなものです。わざわざ面接の場を設定しているのは、「対話をしたい」や「対話をする能力を見たい」という要望があるからです。

ですから面接とは「発表の場」ではなく、「その発表に対しての質疑を受ける場」と考えましょう。そうすることで、相手は発表者や発表内容に対する理解が深まり、結果として発表者の伝えたい内容がしっかりと届くことになるのです。

07

抽象化で具体例を増やしていく

プレゼンテーションの経験を積んでいくと、ひとつの大きな気づきがあります。それは、「**よい具体例は何よりも相手の理解度を高めてくれる**」ということです。

私は職業柄、人前で「よい教育とは」というテーマでお話をすることが多いです。そこで学んだのは、よい具体例を提示できると聴衆のうなずきも大きく、メモをとる手も動くということです。

たとえば、「英語ができるようになるには、日本語力が大事なのです」という話に対して、「英語では主語・述語を明確にしないと文章を書けませんので、日本語の文章の主語・述語を判別できるように練習しておくことが大事です」という具体的な話をすると、伝わりはします。加えて、「『私が好きな食べ物はりんごです』という文章の主語は、『私が』ではなく、『私が好きな食べ物は』です。これを理解できないと、英作文で『I like ~』と書き出してしまいます」と具体例までお話しすると、大きく

あの…巣箱って 今いくつあるんですか？
え？ …えっと 3つです…
じゃあこの際 全部の巣箱を新しくするのはどうでしょうか

うなずいてくれます。

具体例を引き出せるようになるには、普段からいろいろな出来事にふれておくということはもちろんですが、「抽象化」という作業に慣れておくことも重要です。

たとえば、「猿が木から落ちる」という出来事を見て、「上手だと言われている人も失敗することがある」と抽象化したとします。すると、「猿が木から落ちる」ことを、「上手だと言われている人も失敗することがある」ことの具体例として、プレゼンテーションの中で使うことができるのです。

このように、「身のまわりで起きた出来事は、抽象化するとどういうことなのか」を考える練習は、使いやすい具体例として蓄積されていくのです。

間違いをちゃんと認めないと 本当に正しい結論にはたどり着けない…
美鈴先生が言ってたことを思い出してわかったんだ

COLUMN 4

物わかりの悪い人物を演じてみよう

　学校の教室には、先生ひとりに対し、30人以上の生徒が在籍しています。学級会や休み時間など、実際にプレゼンテーションをしたり意見を述べたりするタイミングで、先生が生徒1人ひとりに「相手の立場で考えてみよう」などと細やかな指導を行うことは現実的に難しいでしょう。

　また、子ども同士で遊んでいる状況を少しでも観察してみれば、それぞれが好き勝手に「発話」することはあっても、相手のことを考えた「対話」がほとんど成立していないことに気づくはずです。対話に慣れていない子どもの場合、どうしても自分中心で感情的になってしまいます。だからこそ、普段、落ち着いた状態で「相手の立場で考える」ためのロールプレイングをしておくことが、とても大切になってきます。

　保護者の方は、積極的に「教えてもらえる?」という声がけで機会を作っ

ていきましょう。ポイントは、とにかく物わかりの悪い人物を演じることです。子どもたちは「仕方ないな～」などと言いながら、「この人はどれくらいの理解力なのかな？」と頭を回転させ始めます。

たとえば、お子さんが「この問題がわからない」と算数の問題集を持って質問してきたときには、「これは算数の問題なんだよ」とか「この図形は三角形といってね」など、的外れな説明をし始めます。すると子どもは「それはわかってる。ボクがわからないのは……」と、一段レベルの高いプレゼンテーションをしてくれるようになります。

保護者が上から「それは違う」と指導すると、子どもは嫌がります。そうではなくて、保護者が理解度の低い人間として接して、子どもが「仕方ないから丁寧に説明してあげよう」という目線で世話を焼いてくれるように仕向けることがコツになります。

逆に「具体的には？」という質問に答えがすぐ出てこないような説明は、相手にとって机上の空論のように聞こえているものです。保護者の方も説明をするとき、アドバイスをするときには、できる限り具体例を出すよう心がけてみてください。私は職業柄、普段から「具体例に使えそうなエピソード」はつねにメモをとるようにしています。

Part 5

PDCAを回す力

Story 5

目指せ、世界大会！

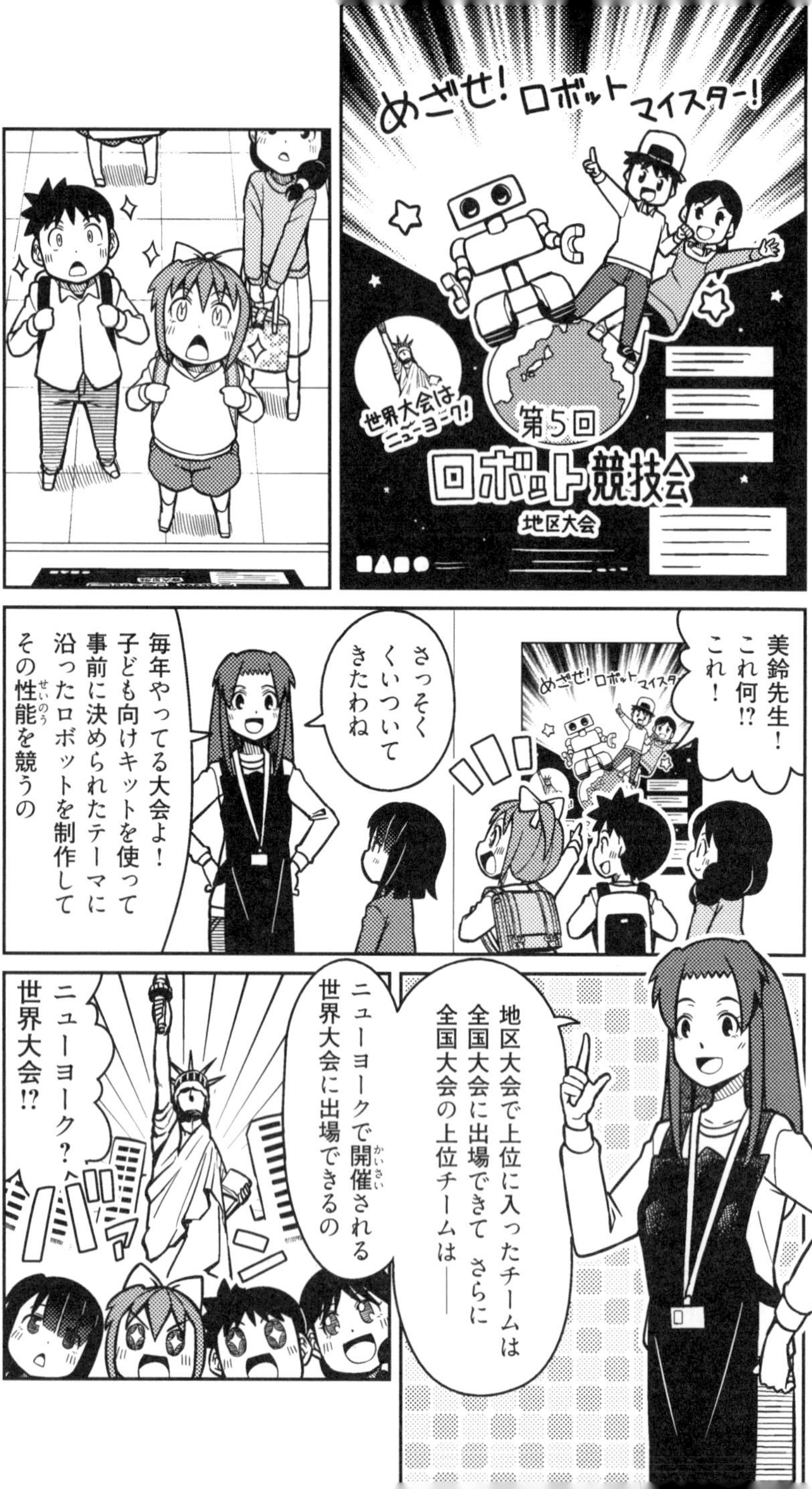
めざせ!ロボットマイスター!
世界大会はニューヨーク!
第5回
ロボット競技会
地区大会
美鈴先生! これ何!? これ!
めざせ!ロボットマイスタ
さっそくくいついてきたわね
毎年やってる大会よ! 子ども向けキットを使って事前に決められたテーマに沿ったロボットを制作してその性能《せいのう》を競うの
地区大会で上位に入ったチームは全国大会に出場できて さらに全国大会の上位チームは――
ニューヨークで開催《かいさい》される世界大会に出場できるの
ニューヨーク? 世界大会!?
バァーン

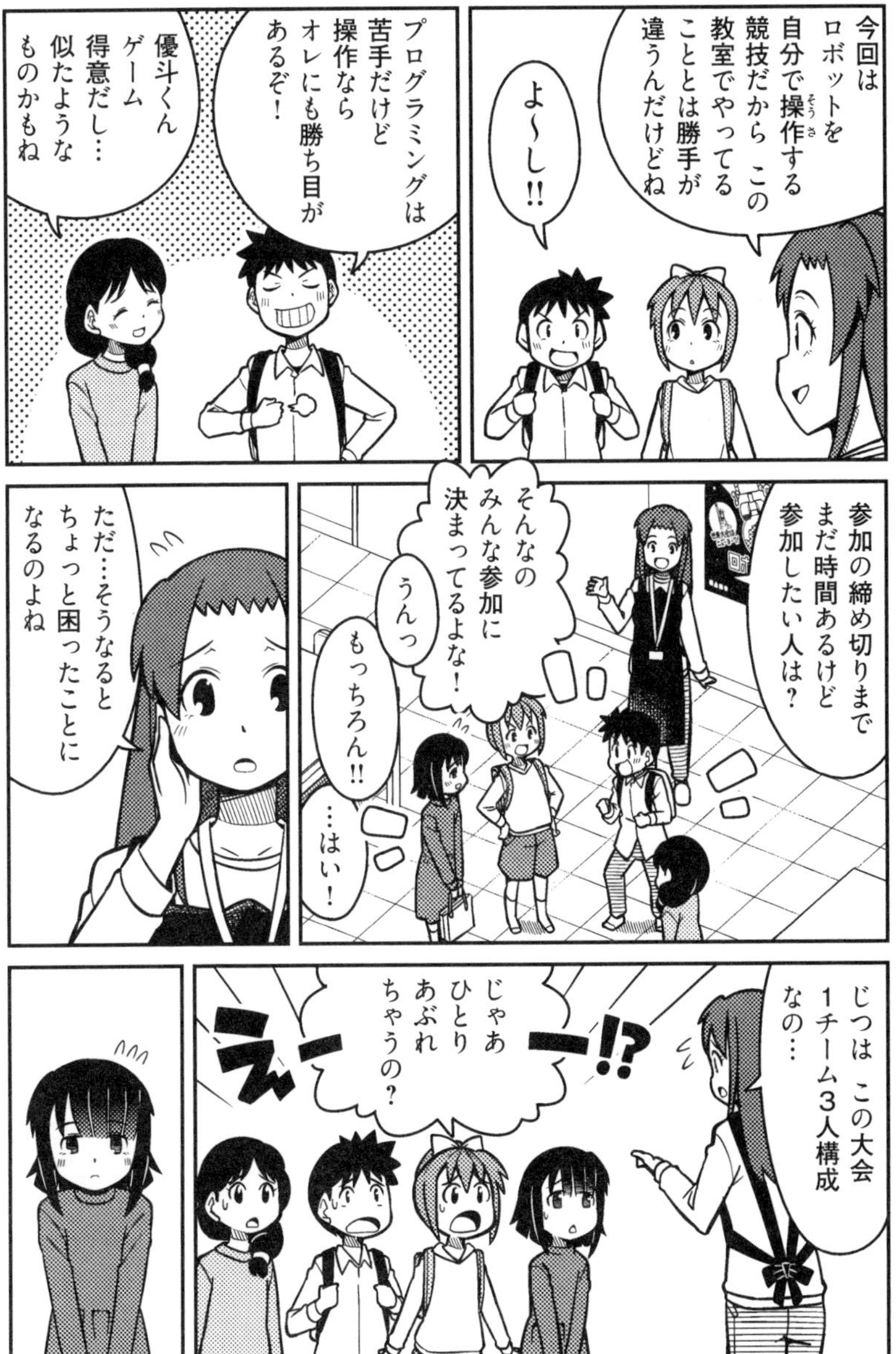
今回はロボットを自分で操作《そうさ》する競技だから この教室でやってることとは勝手が違うんだけどね
よ〜し!!
プログラミングは苦手だけど操作ならオレにも勝ち目があるぞ!
優斗くんゲーム得意だし…似たようなものかもね
参加の締め切りまでまだ時間あるけど参加したい人は?
そんなのみんな参加に決まってるよな!
うんっ
もっちろん!!
…はい!
ただ…そうなるとちょっと困ったことになるのよね
じつは この大会1チーム3人構成なの…
じゃあひとりあぶれちゃうの?
えーー!?

…あの やっぱり 私はやめます
凜ちゃん 何で!?
私はまだ 経験 浅いし… 足を引っ張ると 思います…
そんなことないよ
やろーよ!
……
ふっふっふ 結菜! 莉子! お前らと 決着をつける いい機会 だぜ!!
優斗くん?
は? 何を 言ってんの?
ゴゴ
ゴゴ…
オレは この大会で お前らと 勝負する! 覚悟《かくご》しとけ!!
優斗…
ずびしぃっ
オレは メンバー 探してくる! 先生 参加受付 待っててよっ
オッケー
かっこつけちゃって ま…
優斗くん らしいと いうか
い…いいん でしょうか
せっかく だから 優斗を ギャフンと 言わせよう!!

今回のロボット競技会のテーマは「清掃ロボット」
フィールドに散らばっているゴミを 制限時間内にどれだけ外に出せるかを競います
ゴミの大きさは一辺3cmの立方体
3cm
3cm
3cm
な〜んだ簡単そうじゃん
ただし フィールドには小さな起伏《きふく》があります
また フィールドのふちには囲いがあるのでただ押し出すことはできません
むう… そうなるとけっこう難しいかもね
小さい起伏でもロボットにとってはすごくジャマだし…ゴミを持ち上げるしかけも考えなきゃいけないね

やっぱりブルドーザー型が無難《ぶなん》じゃない？フィールドの囲いにゴミを押しつけて軽く持ち上げれば効率的に外に出せると思うけど
ゴミと起伏で障害物《しょうがいぶつ》だらけだから運ぶゴミの制御《せいぎょ》が難しいと思うなあ…フォークリフト型でゴミを持ち上げてジャマのないルートを選んだほうが確実かも
おふたりの案の情報を整理するとこんな感じでしょうか
ゴミを効率的にフィールド外に出す方法
◆ブルドーザー型
○利点
ゴミを外に出す操作が効率的
×欠点
移動時のゴミの制御が難しい
◆フォークリフト型
○利点
移動時にゴミを確実に制御できる
×欠点
ゴミを出すまでの効率が悪い
…なるほど情報を整理するとそれぞれの案の長所と短所がハッキリするね
さすがりんちゃん
要《よう》は狙ったゴミを確実かつ効率的に外に出せる方法があればいいんだね
…そこで考えたんですけど

古代ギリシアでも使われた投石器《カタパルト》みたいに…ゴミをフィールドの外に投げ飛ばすのはどうでしょうか
ポーンッ
ゴミを投げ飛ばす!?

なるほど…それならロボットの移動も最小限ですむし！

ゴミがフィールド外に出ればいいってルールだからどこであれ外に出せれば！

問題は…ゴミの取り込み方とか飛ばすための設計なんですが…

ブルドーザーやフォークリフトのやり方で応用きくんじゃない？

飛ばすのは…ゴムとかスプリングとか！

キャああ♥

凜ちゃんすごい！グッドアイデアだよっ!!

おっ何だ？いい案出たか？

優斗！何しに来たの？

何ってちょっと様子を…

ゴゴゴ…

今回あんたは敵に回ったんでしょ？

何だよスパイしたりはしねーよ
なんせうちのロボット設計担当は優等生の蒼だぜ！

ふふんっ
むっ 優斗ってば蒼ちゃんを味方につけるとは…

やるな
じゃあ優斗くんは何してるの？

オレはロボットのパイロットだから操作《そうさ》に専念《せんねん》していいって言われてるんだよ！

だから今はやることなし！

ロボットの設計には役立たずだからジャマするなってことなんじゃ…

ま…せいぜい頑張《がんば》れよ！凛がしっかりチームを支えてやれよ！ほかのふたりは抜けてるとこあるからな
…え？う…うん…

私たちが
抜けてるだとぉ!!
ゴゴゴ
びくっ
ゴゴゴ
絶対 優斗にギャフンと言わせよう!
オー!!
お…おー
バアァーン
よしっ これで完成!!
…やりましたね!
大会直前まで手こずったけど形になったねっ

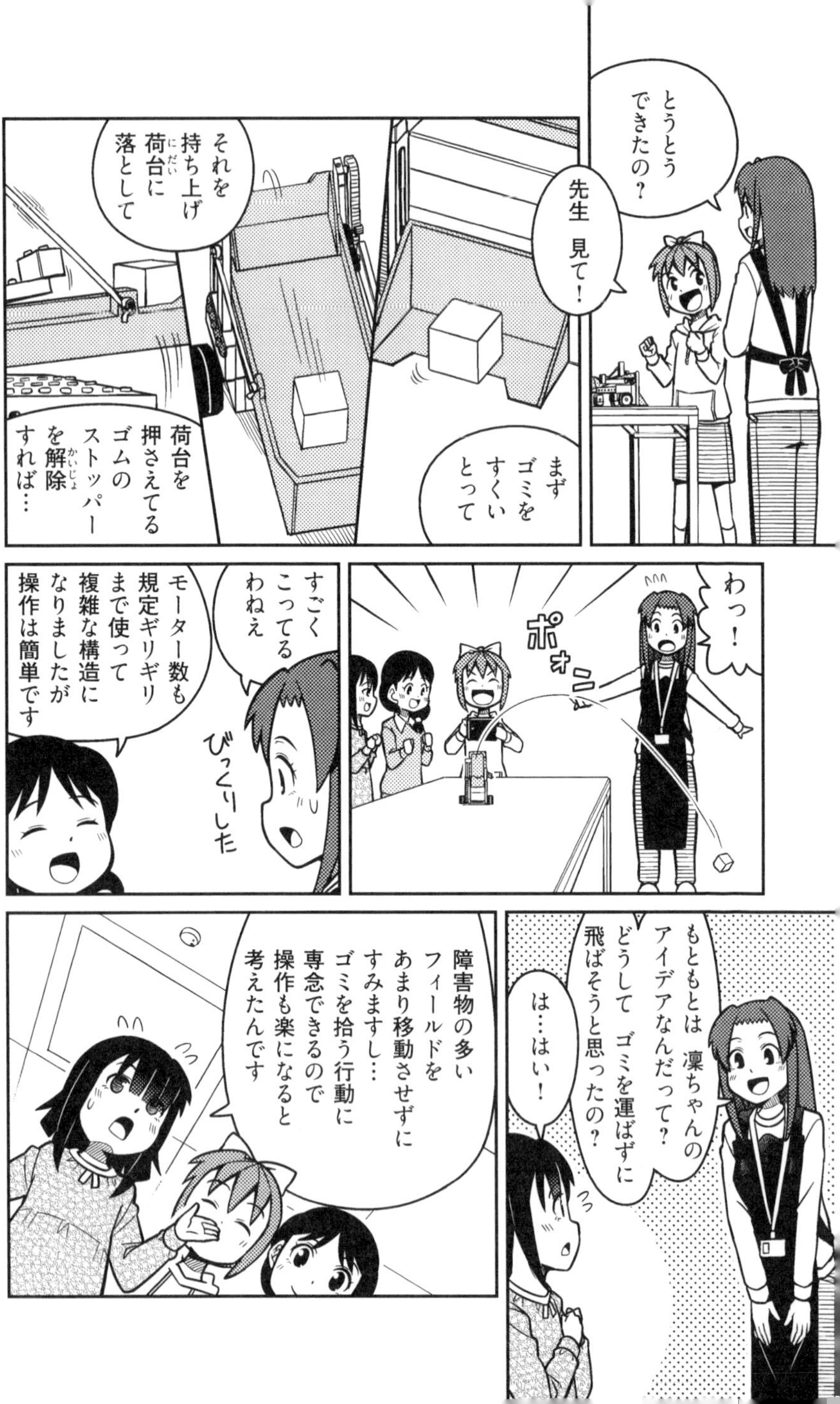
とうとうできたの？
先生 見て！
まずゴミをすくいとって
それを持ち上げ荷台《にだい》に落として
荷台を押さえてるゴムのストッパーを解除《かいじょ》すれば…
わっ！
ポォン
すごくこってるわねえ
びっくりした
モーター数も規定ギリギリまで使って複雑な構造になりましたが操作は簡単です
もともとは凛ちゃんのアイデアなんだって？どうして ゴミを運ばずに飛ばそうと思ったの？
は…はい！
障害物の多いフィールドをあまり移動させずにすみますし…ゴミを拾う行動に専念できるので操作も楽になると考えたんです

論理的に考えられた素晴らしいアイデアね
それに 凛ちゃん…この教室に来たばかりの頃より 自分の考えや意見をハッキリと言えるようになったね！
あ…ありがとうございます！
ロボット競技会地区大会当日
ザワ
ザワ
うわあ…思ってたより立派《りっぱ》な会場
お客さんも多いねえ
結菜さんのおうちの方はどなたか応援に来られるんですか？
うちは都合つかなくてさ
ゆうとにいちゃ～ん!!

リニねーちゃんも
がんばれー
あれって優斗の弟さんとお兄さん？
ありがとー
おー！
うん！弟がどうしても会場に行きたいって言うから
蒼ぃいい!!
頑張りなさぁ～い！やるからには優勝よおお!!
おかーさんがついてるわよぉおお
そーゆーのこまりますんで
がんばれ！蒼！
すごい応援だね蒼ちゃん…
……
結菜ちゃーん凜ちゃーん
頑張ってね～！
陽菜ちゃんたち！応援に来てくれたんだ!!

よ～し
みんなぁ
応援に応えて
頑張ろう!!
しかし…
まず
1個目!
いい調子
だよ
結菜さん
次は 隣《となり》の
ゴミを…!
ポォン
任せて凛ちゃん!
この調子なら
余裕《よゆう》でゴミ全部…
…あれ?
あれ!?
アームが
動かない…
ストッパー
動かしてるのに—
あーっ!!
結菜ちゃん!
アームにつないだ
ゴムが切れてる!!
うそっ!?
それじゃゴミを
投げ飛ばせないよ!

替《か》えのゴム
あったっけ？
…ないです
こうなったら
ブルドーザー
方式で…!!
フルスピード！
あっ ダメ
結菜ちゃん！
ガッ
ガァァァ
げげっ
ひっくり
返った!?
ガシャァァ
複雑な
構造に
したせいで
バランスが
悪いの…
…スピードが
出てると
小さな起伏でも
バランスを崩す
んですね…
速く走ることは
想定してません
でした…
ここで
タイムアップ
でーす！
ビーーッ
結菜・莉子・
凜チームが
外に出せたゴミ
…1個
ガァァ
シーン…
ワァ
ワァ
がっくり…

マシン トラブル かよ〜
そういうのも 想定《そうてい》して 準備しなきゃ ダメだろ
大会にはマモノがすんでるってよくいうだろ
あの… それより 凛ちゃんが …あっちに 走っていった けど…
え!?
あっ! よかった… 凛ちゃん
はぁはぁ
ごめんね 私の操作が ヘタだった せいで あんな 結果に…
…違います! 私が悪いんです!!
莉子さんが提案した ブルドーザー型や 結菜さんが提案した フォークリフト型に しておけば こんなことには… 私があんなロボット 提案しなければ…!!
凛ちゃん…
やっぱり 私の宿命《しゅくめい》のせいで 災《わざわ》いが… 私は地球人《まわりのひと》とかかわっちゃ いけなかったんです…

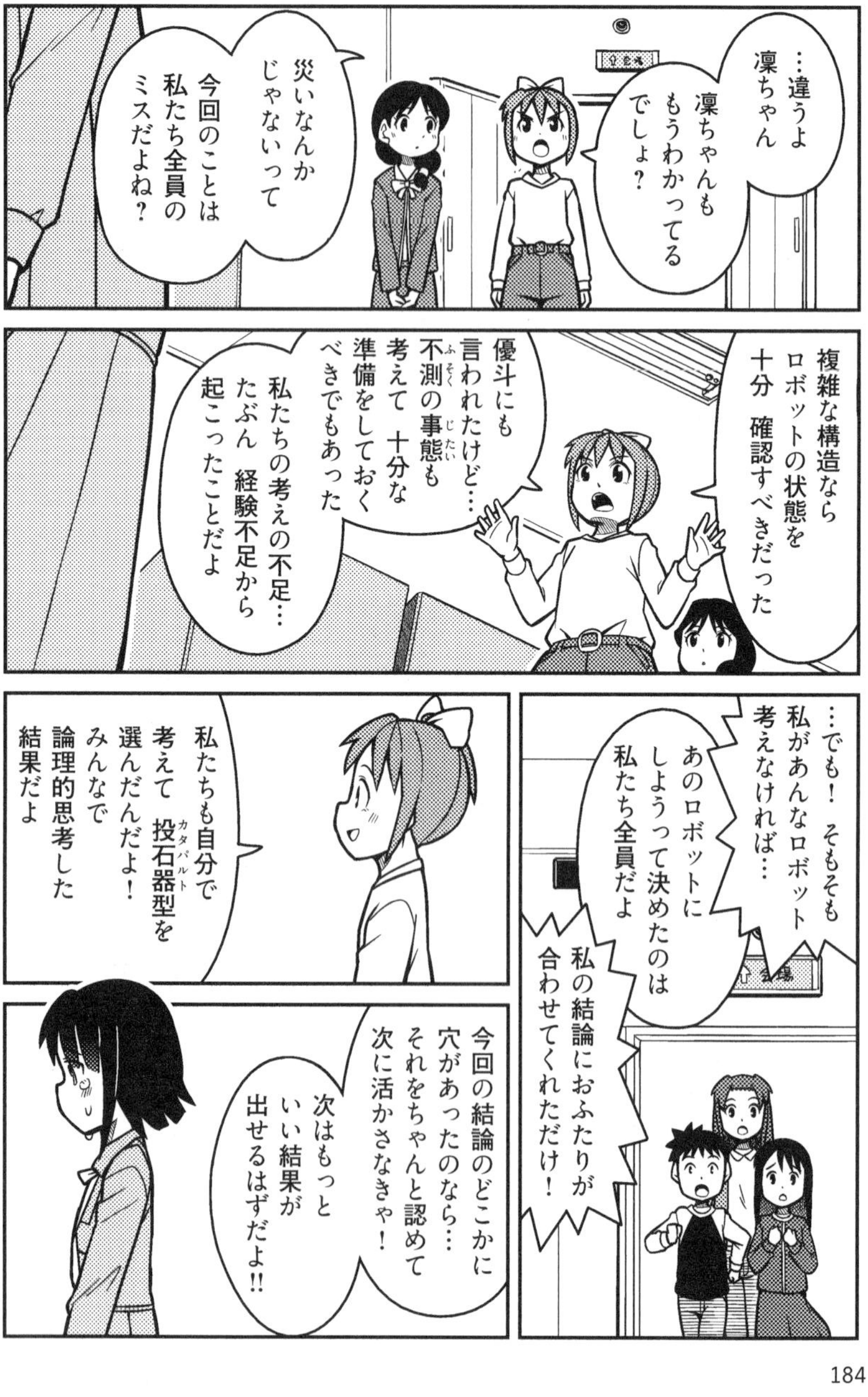
…違うよ 凜ちゃん
凜ちゃんも もうわかってるでしょ？
災いなんかじゃないって
今回のことは私たち全員のミスだよね？
複雑な構造なら ロボットの状態を 十分 確認すべきだった
優斗にも言われたけど… 不測《ふそく》の事態《じたい》も考えて 十分な準備をしておくべきでもあった
私たちの考えの不足… たぶん 経験不足から起こったことだよ
…でも！ そもそも私があんなロボット考えなければ…
あのロボットにしようって決めたのは私たち全員だよ
私の結論におふたりが合わせてくれただけ！
私たちも自分で考えて 投石器型《カタパルト》を選んだんだよ！ みんなで論理的思考した結果だよ
今回の結論のどこかに穴があったのなら… それをちゃんと認めて次に活かさなきゃ！
次はもっといい結果が出せるはずだよ!!

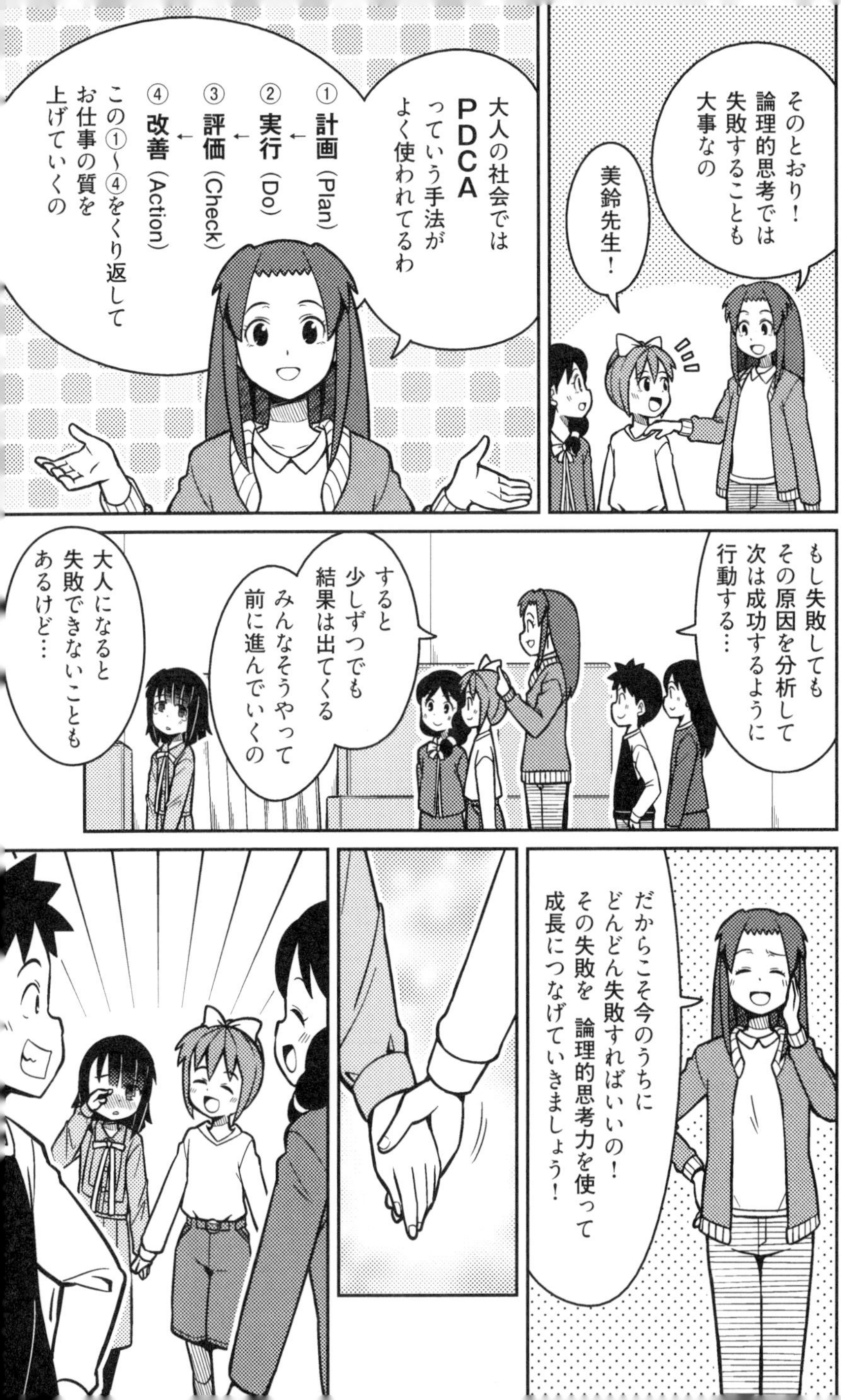

そのとおり！論理的思考では失敗することも大事なの
美鈴先生！
大人の社会ではPDCAっていう手法がよく使われてるわ
①計画（Plan）
②実行（Do）
③評価（Check）
④改善（Action）
この①～④をくり返してお仕事の質を上げていくの
もし失敗してもその原因を分析して次は成功するように行動する…
すると少しずつでも結果は出てくる みんなそうやって前に進んでいくの
大人になると失敗できないこともあるけど…
だからこそ今のうちにどんどん失敗すればいいの！その失敗を 論理的思考力を使って成長につなげていきましょう！

改善しながらくり返していく ——PDCAを回す力

「失敗をしても、その原因を分析して、次は成功するように行動することで、みんな前に進んでいくんですね……」

「そうそう！　美鈴先生の言うように、失敗を自分の成長につなげなきゃね」

「私、次こそはみんなで全国大会に出場できるように頑張ります！」

「うん。今回のミスをちゃんと認めて、次の大会に活かそう!!」

「はい！」

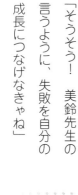

01

今の良い状況も悪い状況もすぐに変わる

中学受験の進学指導の現場で、「ずっと憧れていた学校」への合格を果たした生徒には注意が必要だといつも伝えています。「この学校は自分に合っている」「この学校ならなりたい自分になれる」という思いが強い学校に合格し、入学すると、それだけで「理想の自分になれる」と勘違いしてしまうことがあるからです。

ですが実際には、学校が生徒1人ひとりに働きかけてくれるものは多くありません。学校が100人を超える生徒に向けて一斉に提供する授業を、「自分なりに考えて、使いこなす」という作業が必要になります。それをせずに、完全に受け身で「その場にいるだけで成長する」と考えていると、結局思い描いていたような姿にはなれないのです。

受験をするときには「合格する」がやるべきことです。合格した瞬間は「やるべきことをしっかりやった」という、とてもよい状況です。しかし、進学したあとはもう状況が違っています。現状をしっかりと把握して、評価して、自分で考えて動かなくてはいけないのです。

何かを選択したり、決めたりしたら終わりではありません。**「次に何をすべきか」を考えないと、成長はない**のです。

悪い状況についても同様です。マンガのように、失敗してもその悪い状況が続くわけではありません。その失敗から、何を学ぶかが問われる状況に移行するのです。

02

次へ立ち向かうためのメンタルを支える「PDCA」というスキル

ＰＤＣＡは古くから業務改善の現場で使われてきた考え方です。古くさいと評価する人がいたり、アレンジしたバージョンを発表したりする人がいたりしますが、**もっ**

とも大事で、基本的なことは「行き当たりばったり」や「やりっぱなし」を避けよう
という哲学です。

Plan：計画を立てる

目標を設定し、行動計画を立てます。現状を理解して、理想の状態との差を把握することが大切です。また、行動計画については時期や機会を検討します。

Do：実行する

Planで立てた計画に実際に取り組みます。ここでは、どのように実行したのかを記録しておくことが大切です。それが、次のCheckの段階で重要な資料になります。

Check：評価（反省・検証）する

計画通りにできたかどうかや、時間的・量的に無理がなかったかなどを確認します。

やりっぱなしで終わらないために、すぐに結果を確認する癖をつけましょう。

Action：改善する

「計画はそもそも実行可能なものだったのか?」「実行できたのに結果が出なかったとしたら、どこが問題だったのか」を考えてみましょう。それは次のPlan（計画）を立てるための資料になります。

これらは1回で終わるものではなく、つねに素早く行われ続けるべきです。

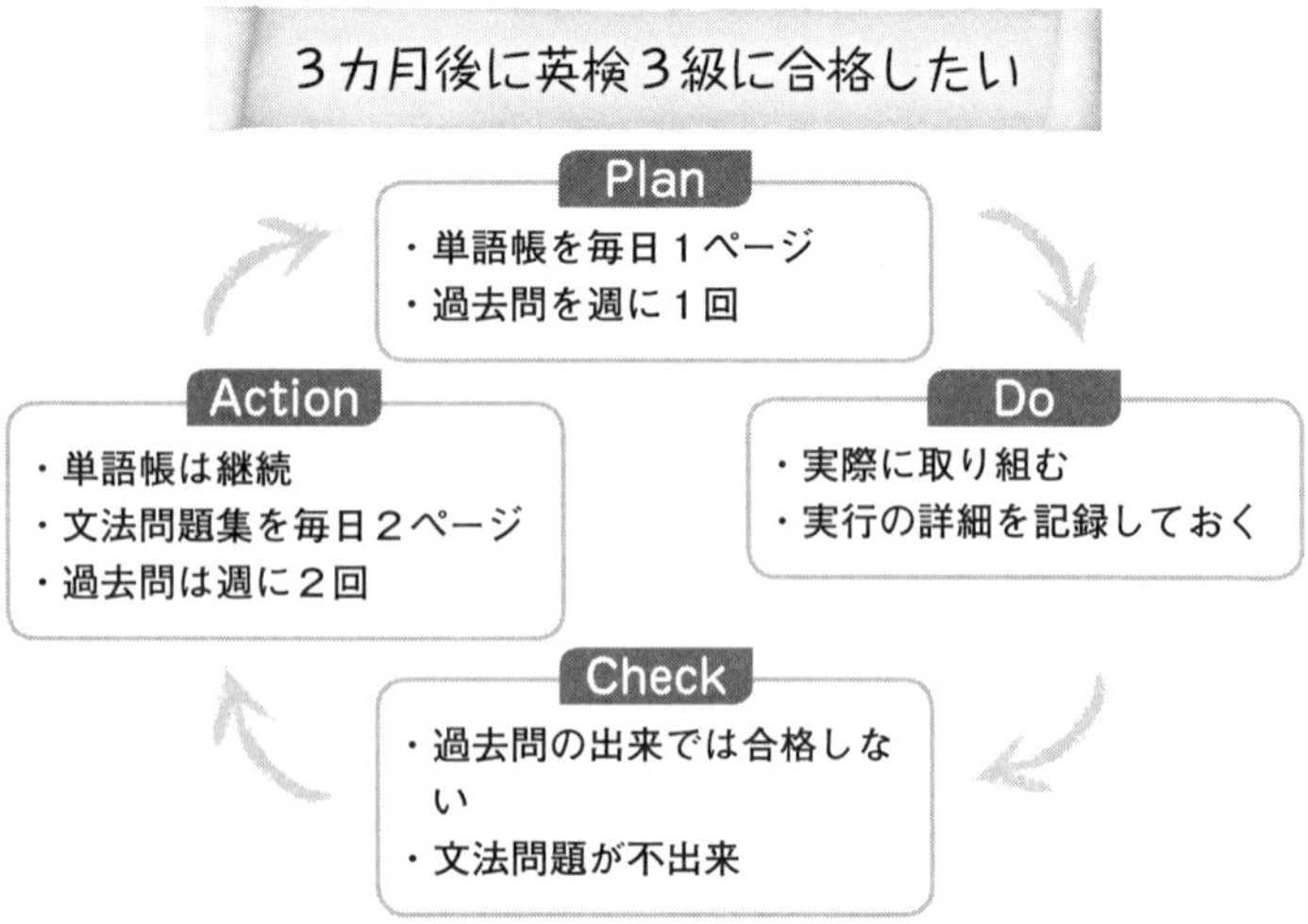

3カ月後に英検3級に合格したい
Plan
・単語帳を毎日1ページ
・過去問を週に1回
Do
・実際に取り組む
・実行の詳細を記録しておく
Check
・過去問の出来では合格しない
・文法問題が不出来
Action
・単語帳は継続
・文法問題集を毎日2ページ
・過去問は週に2回

03

伸びる子どもの条件は「次へ」チャレンジするメンタル

長年お子さんをあずかっていると、伸びるお子さんの条件が見えてきます。それは、**「わからない問題にぶつかったときの反応」**です。

保護者の方のきめ細やかな指導によって、年齢のわりに問題を解く能力の高いお子さんが増えてきています。しかしベテランの指導者なら誰しも、それが「この子はどれだけできるのか?」という点についての参考にならないことを知っています。

それよりも、苦労するだろうなという問題を与えてみたときに、**「目の色が変わってチャレンジできる」「わからない点について質問できる」という行動をとれるかどうかのほうが大事**です。ここで思考停止したり、親の顔を見てしまったりするタイプは、自分で伸びていける能力を備えていないといえます。

04

「子どもはDoだけやっていればいい」と甘やかす教育業界

教育業界は「子どもが自分でＰＤＣＡを進める能力」を重要視せず、その力を高めることに取り組んできませんでした。そして、保護者もそんな作業は時間のムダだと考える傾向があります。よって、プロが計画を立てる、プロが結果を検証する、プロが改善策を考える、というサービスが発達してしまいました。子どもはその中で言われたことを「Ｄｏ：実行する」だけというのが現状です。

テストの結果を分析して、復習すべき問題をすべて提示してあげることは、「よいサービス」だともてはやされます。その結果、中学校でも高校でも「復習ってどうやるのかわからない」「とりあえず授業を聞いて、宿題を提出しているだけ」といった、**完全に受け身の生徒が大量生産されている**のです。

勉強でも仕事でも、具体的に指導を受けたり、指示されている以外の時間のほうが圧倒的に長いのです。ですから、その時間にどれだけ自分で考えて行動できるかが、結局は成長の差として出てきてしまいます。

・自分の課題は何か？
・そのために何をすべきか？
・どのように実行するのか？
・実行した結果、見えてきた課題は何か？

このPDCAの思考が身についていないと、

・みんながやっていることをやる
・みんなに出された宿題だけをやる

だけになり、「自分に合った学習」に取り組む時間がなくなってしまいます。

05

形よりも「未来志向」を身につけることが最優先

　私は、若いうちはＰＤＣＡの順序や質にとらわれなくてもいいと思っています。たとえば、知識がないうちに「Ｐ：計画を立てる」の質を高めようとすると情報収集に時間がかかりすぎたり、机上の空論を追い求めすぎたりして、「Ｄｏ：実行する」に移れないこともあるからです。

　また、失敗すると過度に落ち込んでしまう繊細なタイプの場合は、とにかく「次のＤｏ」に取り組むことを優先してもよいでしょう。

「じゃあ次はどうしようか？」、そんな声がけをしてあげることで、「失敗した今が終わりではない」という意識の切り替えを手助けしてあげることから始めましょう。

「次はどうする？」という言葉は、「あなたがやるべきことは次のステップに進むことだ」というメッセージが込められているのと同時に、評価・改善・計画を大雑把にでも考えるよう促すことにつながります。

　このように、最初のうちはＰＤＣＡをきれいに回すことにこだわらず、「前向きに、未来志向で行動する」ために、いいとこ取りで活用してほしいと思います。

　反対に、いつも先走って行動してしまうタイプは、一歩立ち止まって、「Ｐ：計画を立てる」という作業にのみ集中するだけでも大きく変わります。この中に「何のために？」や「過去から活かせることは？」といった「Ｃ：評価（反省・検証）する」や「Ａ：改善する」を含めてしまうというのもありでしょう。

06

見える化と習慣化

　ＰＤＣＡのポイントは「**未来をつねに意識する**」ことです。子どもはどうしても目の前のことだけにとらわれてしまいがちです。そのため、目に見えない「次＝未来」

を考えさせるために、いろいろなしかけをすることが有効です。

❖見える化

ＰＤＣＡをどのように進めるかを視覚化することで、**つねに見てわかるようにしておく**ことは有効です。

たとえば、「テストの見直しと復習」は立派なＣｈｅｃｋです。専用のノートやファイルを用意しておくと、やるべきことが「見える化」します。

「**数値化**」もただ単に「やる」や「頑張る」といったあいまいな指針ではなく、具体的な行動を促すための工夫です。「1日5問の計算問題をやる」や「次の漢字テストで50点とることを目標にする」といった具合です。具体化という意味では、「テスト当日に間違えた問題を、別のノートにやり直す」などと、「**言語化**」しておくことも同じように有効です。

さまざまな見える化・習慣化の工夫が大事

6月1週目のPDCA

目　標	3月に漢字検定3級合格！
Plan	対策問題集を2冊終わらせる
Do	毎朝2ページやる
Check	日曜日に過去問で確認!!
Action	

書き込み
シートを
作ってみる

専用ノート
でわかりや
すく管理

週間テストの
Check・Action ノート

❖ 習慣化

「はみがきをしたら計算問題を3問解く」や「夕食前にテストで間違えたところにチェックをつける」など、「いつ」と組み合わせて行動を考えることはとても効果的です。

そのとき「面倒だな」と思う気持ちと戦うためにも、「**習慣化**」を考えることが一番大切になります。「面倒だな」と思う性格はなかなか変えることができません。それよりも「面倒だな」と思う自分の扱い方を考え、それを習慣化することに注力するのです。

どのような習慣化のしかけが自分にとって有効なのかを、小さな頃から試行錯誤し、ぜひ見つけたいものです。

いずれにしても、親が代行しては意味がありません。子どもに「Ｄｏ：実行する」だけをさせるということが、自分で考えられない大人を生む元凶なのです。

面倒くさがりなら面倒くさがりなりに、一緒に試行錯誤しながら「自分で自分にしかけを作る」ことができるようチャレンジしてください。「親と先生の言うことに従っていたら、合格することができました」では、合格証書以外、何も手にしていないのと同じなのです。

07

ＤｏをＴｏ Ｄｏまで落とし込む

計画倒れでうまく続かない場合にありがちなのが、やるべきことが漠然としていて「何をやるか?」をいちいち考えなくてはいけないという状況です。

「Ｐｌａｎ：計画を立てる」の段階で、「次回の国語の点数を80点にするために、漢字を頑張る」では漠然としすぎています。「Ｄｏ：実行する」の段階で「何をするか?」が明確になっていません。この場合、**「Ｔｏ Ｄｏ：具体的に何をするのか?」**

までしっかり考えておくことが実行・習慣化につながるのです。

たとえば、「朝食前に漢字のテキストを1ページこなす」というような具体性をもたせた「Ｐｌａｎ：計画を立てる」こそが、スムーズな「Ｄｏ：実行する」につながります。

08 好きなことでもＰＤＣＡが身につく

保護者の方の多くは「勉強」をきっかけとして、子どもにＰＤＣＡを身につけてほしいと思うようになります。ほとんどの子どもにとって、人生で最初につまずく経験が勉強だからでしょう。

ただ「上達したい」という強い思いが、ＰＤＣＡを進める上で非常に大きな原動力になる以上、本人の「好きなこと」や「楽しんでいること」を題材にして学んでいくほうがスムーズです。

たとえばテレビゲームですら、ＰＤＣＡは有効です。「さっきはなぜうまくいかなかったのか？」を考えて次に活かす。そのような行動がベースになって、ＰＤＣＡを身につけることは可能ですし、子どもたちも前向きになれるでしょう。

苦手なことを克服するための取り組みは気が進まないものです。それなのに、さらにＰＤＣＡなんて新しいものを教えられたら、面倒だなと思うのは当然です。ゲームやスポーツで上達のためにやってみて、**「苦手なことに取り組む」のも「好きなことを上達させる」のも、同じPDCAのサイクルで考えればよい**のだと感じてもらうことも有効な手段のひとつなのです。

また大きな目標だけでなく、１日の中で小さなＰＤＣＡを考えることでも十分な効果があります。

大 3カ月のPDCA

算数の図形を得意にしたい

Plan
問題集に取り組む

Do
実行する

Check
週に1回確認テストで、出来を確認

Action
理解度の低いものを重点的に復習する

小 1日のPDCA

Plan
毎朝1ページやる

Do
実行する

Check
1ページを終えることができない

Action
朝と夕食後に時間をとるようにする

COLUMN 5

子どもの成功体験は2つ

「**粘り強く取り組むことができる能力**」と訳されるGRITは、勉強だけでなく、仕事や健康維持などでも重要な成功要因だとして注目されています。

保護者の方も、この能力が社会人として非常に重要な能力であることは、お仕事を通してご理解いただけると思います。

「粘り強さ」とは、「粘り強く取り組むことが成功につながる」ということを知っているがゆえの性質です。粘り強く練習に取り組むスポーツ選手は、それによって上達することや、その先に勝利や成功があることを知っているのです。すると、「粘り強いから成功する」のか「成功するから粘り強い」のかという問題が発生します。つまり、そもそも人生経験の少ない子どもたちは、「粘り強く頑張ったから成功した」という実感がないわけです。そのため、粘り強く頑張るモチベーションがないのです。

その問題を解決するために理解したいのが、「子どもには成功体験が2種類ある」ということです。ひとつは実際に成功する、ほしいものが手に入るという、普通の意味での成功体験です。それに加え、同じくらい彼らを喜ばせるのは、**「大人からほめられた」という体験**なのです。

つまり、「漢字テストで100点をとるために、苦手な漢字を毎日10回書く」という作業に粘り強く取り組むためには、「毎日10回書いたことをほめられた」という体験が、「毎日10回書いたら100点をとれた」という体験と同じくらい、大きな成功体験となるのです。

ですから、まずはPDCAに取り組んでいることをしっかりほめてあげること。それこそが継続するモチベーションとなります。そして、その継続のみが実際の成功につながるのです。さらに、その成功体験が次のPDCAに取り組むモチベーションになるという好循環を生み出すわけです。

自信のない子や経験のない子には、「よい取り組みだ」「よい質問だ」というように、結果ではなく**「結果につながる過程を踏んでいる」ことに注目してあげる**ことが大事になります。

Epilogue

強く生きるために

Story 6

論理的思考で気づいたこと

あっ！蒼ちゃんたち大会公式ブログにのってる！
ホントだ！かっこいい
地区大会優勝で全国大会出場…すごいです！
へっへ〜だろぉ？
何より蒼さんの設計したロボットが驚きでした
コンパクトにまとめながらも機能的です
定番のブルドーザー型だけど 前後にバケットをつけて回収効率と車体バランスを同時にアップさせるなんて
あの安定性はホントすごいよ
そのロボットを巧《たく》みに操縦《そうじゅう》したオレのテクニックがあってこそだよな！
それを活かせたのも 進行方向の前後を切り替える操作《そうさ》プログラムをうまく組み立てた田中くんのおかげだよ
田中くんすごい!!
影の立役者だね！
いやぁどうも

何だよぉ！オレだって頑張《がんば》ったんだぞ!!
あ〜はいはい優斗もすごいね
優斗くんは何ていうか謙虚《けんきょ》さが足りないのよ
なんだよなんだよ
ま…まあ実際 みんなすごかったよね
結菜ちゃんたちのチームも審査員特別賞をいただいたし！
おおおおお
パチ
パチ
パチ
パチ
はい！凛ちゃんが修理したロボットのデモンストレーションしたら会場 盛り上がりました
私たちも十分頑張ったし参加したかいがあったね
…結菜は操作をミスってロボットをひっくり返しただけじゃん
何だとぉ！
本当のことだろぉ！
ぐぬぬぬ
今回の大会に参加したことでまわりの人たちもプログラミング教室に興味をもってくれて…

蒼ちゃんのお母さんもすごく応援してたよね！
お母さんすっかりプログラミングロボットにハマっちゃって…今度 自宅用にロボットキット買ってくれるの
え～いいなあ
応援に来てくれた陽菜ちゃんもプログラミング教室に入りたいみたい
私もロボットつくって動かしてみたい！
かわいい
うちの弟もやってみたいいって言ってたよ
もうちょっと大きくなってからならそれもいいかも
にぎやかになりそう！
新しく始める人に追い抜かれないように 私も頑張ります！
その意気だよ凜ちゃん！
この教室にいっぱい人が来るように
全国大会でも勝ち残って世界大会に出場して有名になってやる！
お願いね優斗くん
プログラミング教室
ロジカル
会計事
務所

週末の午後
ピンポーン
今日は ひと晩 お世話になります! これ 母からよろしくと…
あらまあ 相変《あいか》わらず 何てしっかりした ごあいさつ…
結菜さんみたいに 素敵《すてき》な子が お友だちになってくれた おかげで 凛も最近はふさぎ込むこともなくなって… お母さん 嬉しいわ
ぐすっ
お…お母さん もういいから…
あ…そうね! どうぞ 上がってください!
凛ちゃんのお母さんも 相変わらずだね
今日のお泊まり会 お母さんのほうが 張り切っちゃって …ご馳走《ちそう》作るって 言ってました
ホント!? それは楽しみ…

因果の法則③
宇宙との交信
決定版
前世からのメッセージ
決定版
使命と宿命
七つの大罪の真実
神々の真実
…おまじないはやめてみたんです
じゃあ…5つの災《わざわ》いは？
あまり とらわれないようにします
前世《ぜんせ》が火星人だと告げられた夢の記憶は残ってはいますけど…

でも　その夢のお告げを
真実だと判断する根拠《こんきょ》が　あまり
ないことに気づきました
それなら…今の人生で
地球人《まわりのひと》と仲よくして
いきたい…って
ま…火星のことも　楽しむ
分にはいいと思うけどね
それにしても　凜ちゃんの本棚
いろいろ面白そうな本があるね！
『エジプトの超古代文明』って
どういう本？
火星のことを調べたときに
見つけた本で…地球の文明は
火星人がもたらしたって…
私の前世や宿命《しゅくめい》とは別に
論理的思考で検証《けんしょう》して
みても面白いと思います…
ギザのピラミッドは古代の発電所だと
いう説があるんですが…その根拠は
1938年に発見された
バグダッド電池という
壺《つぼ》だと思うんです
紀元前2世紀のもの
だとされています
へえ…でも　そんな昔に
電池だけあっても　使い道
ないんじゃない？
なるほど　たしかに…
でも…
おわり

Epilogue 解説

強く生きる力は一朝一夕には身につかない

「凛ちゃん、おまじないをやめてみたんだね」

「はい。論理的思考で考えてみて、今の人生にもっと向き合うべきじゃないかと思って……」

「そっか！」

「私が物事を論理的に考えられるようになったのも、プログラミング教室に誘ってくれた結菜さんのおかげです」

「えへへ。じゃあ、さっそく論理的思考で検証してみよう！」

01

「論理的」であることは「柔軟な」対応力につながる

論理的な人とは、画一的な対応しかできない冷たい人ではありません。状況を分析して、あらゆる可能性を検討しようという柔軟な姿勢をもっています。これは、ほとんどの保護者がわが子に望む「逆境を切り抜ける精神力」につながるものです。

自分ではすぐに理解できなかったり、共感できなかったりする状況を前にしたときに、「自分とは違う」と敬遠してしまうのではなく、「なぜ違うのだろう？」「共通点はないだろうか？」「協業のために必要なことは何だろうか？」と分析・情報整理・仮説構築と試行錯誤ができなければ、結局友だちとしか物事を進められない人間になってしまいます。

今、子どもたちは非常に物わかりのよい大人と、非常にユーザーフレンドリーな商品に囲まれて生きています。そんな彼らが想定外のトラブルにパニックになってしまったり、心が折れたりしてしまうのは必然です。「論理的思考力」は、彼らが普段暮らしている**居心地のよい世界と、未知なものばかりの外の世界をつなげてくれる、必須の「生きる力」**なのです。

02

「力を尽くした作品を発表して終わり」ではない

今、サービスは「**発表したあとにも継続して試行錯誤する**」ことが当然のように求められています。1年後に改善された新製品を送り出すのでは、もう遅いのです。以前の何倍ものスピードで、情報収拾と改善のための効率的な試行錯誤で対応していかなくてはなりません。みなさんも、スマホアプリの不具合を1年も待てませんよね？ハード製品は似たものを低価格で作ることが簡単になってしまいました。今、差別化のためには、そのハードの上にのっているソフトを、早いスピードで進化させていくサービス提供能力が必要なのです。

小学生だったら、学校や塾のテスト、習いごとの練習日などは、次の進化のための重要な情報集めにすぎません。準備をして、それをテストで出し切って終わり、では意味がないのです。子どもが伸びる家庭は、結果に一喜一憂する時間が一番もったいないということを知っています。論理的に分析して、次に活かす。それが結果的に実力を高めていきます。それは、中学生以降もずっと役に立つ基礎能力なのです。

03

「次へ」を促すほめ方

学習塾ロジムに通う子どもたちも、初めの頃は授業内でのテストの結果が返却されると点数ばかり気にします。点数の部分を必死に隠して、まわりにも先生にも、そして家でも「テストの点数を隠さないと」という意識で、ほかのことが考えられません。

解説授業もほとんど頭に入っていないでしょう。

しかし、講師がしつこいほどに「間違えたところに取り組めることはすごい！」「間違えたところを隠さないでまわりに伝えると、上手に教えてもらえて伸びる！」とくり返し話すと、その小学生はどうなると思いますか？

「ほめられたい」という動機から得点を隠すのをやめ、アピールするかのように「間違い直しをしよう！」とか「復習すればいいんだから点数は気にしない！」などと口にするようになり、行動も伴ってきます。

それを活かせたのも 進行方向の前後を切り替える操作《そうさ》プログラムをうまく組み立てた田中くんのおかげだよ
田中くん すごい!!
影の立役者だね！
いやぁ どうも

04

保護者の方から実践する

蒼ちゃんのお母さんもすごく応援してたよね！
お母さん すっかり プログラミング ロボットに ハマっちゃって…… 今度 自宅用に ロボットキット 買ってくれるの
え〜 いいなぁ

勉強でもスポーツでも、子どもはできる友だちが練習したり、試行錯誤したりしている姿を見る機会がほとんどありません。教室内や練習会の日に、目の前で高いパフォーマンスを見せつけられることはあっても、その裏にある論理的で質の高いＰＤＣＡの作業を知ることはなかなかないのです。ですから、「あいつはすごい」「あの子は天才」と決めつけてしまうのです。

保護者の方は家庭内で、質の高い準備の見本になれる唯一の存在です。面と向かって「こうすべき」という指導も有効ではありますが、一緒に机を並べて、論理的に考えながら試行錯誤する姿を見せてあげてください。

たとえば、私は生徒から算数の質問を受けたときに、「こうすれば解けるよ」というきれいな説明はしないように心がけています。まず、問題文を読んでいる姿を見せ、重要なところに線を引いたり、数式を作る前に何度も読み直したりする姿を見せます。そうすると子どもたちは、「先生でもこういう作業をするんだ」と気づくことができます。そして、まねをし始めます。

家庭内でも、保護者の方が間違いや困難に対して前向きに、そして論理的に取り組む姿は、最高の生きた教材になるはずです。

05 おわりに

私が教わっていた予備校の先生が「私は、みなさんが合格するために授業をしているのではない。不合格でも生きていけるための授業をしている」と言っていました。これは、子どもたちの教育に携わる大人たちがつねに意識しないといけないことだと思っています。

すぐ目の前のテストや試合、発表会での成功のために、子どもの代わりに先回りして助けてしまう。そんな目先のいい思いのために、貴重な考える機会、成長の機会を奪ってはいけません。大人は「子どものため」と言いつつ、自分たちが目先の小さな成功にとらわれていることが多いものです。

本書の内容を頭に入れたからといって、論理的思考力がすぐに身につくわけではありません。普段の生活の中で、考え方、生き方を変えていくことで、良質な経験が少しずつ蓄積されて、結果的に大きな力となっていくのです。「質のよい回り道をさせる」ことこそ、論理的思考力が身につき、強く生きる力が身につく唯一の方法だとご理解いただきたいと思います。

小学3~4年生向け

ロジカルワーク

一生ものの力「論理的思考力」を身につけるためのワークです。答えがひとつとは限りません。親子で会話をする題材として、ぜひ何度もご活用ください。なお、このワークは小学3~4年生を想定して作られています。

Part 1 仮説《かせつ》を構築《こうちく》する力

Q1

・おかあさんの作ったカレーはおいしい
・おかあさんの作ったオムライスはおいしい
・おかあさんの作ったハンバーグはおいしい
ここから言えそうなことは、次《つぎ》の中のどれでしょうか？

(ア)おかあさんの作るスパゲティはおいしい
(イ)おかあさんは料理《りょうり》が好《す》きだ
(ウ)明日は晴れる

答え

Q2

Ａ〜Ｅの５人のうち、１人だけがウソをついています。
だれがウソつきでしょうか？

Ａ「わたしもＣさんもウソをついていません」

Ｂ「Ａさんか、Ｃさんか、Ｄさんがウソつきです」

Ｃ「Ｅさんはウソをついていません」

Ｄ「Ａさん、Ｃさん、Ｅさんはウソをついていません」

Ｅ「ＡさんかＢさんのどちらかがウソつきです」

答え

Part 2

分類《ぶんるい》・分解《ぶんかい》する力

Q1

たかしくんは来月の運動会《うんどうかい》の１００メートルのかけっこで速《はや》く走りたいと思っています。速《はや》く走るには、どんなことに気をつければよいでしょうか？　できるかぎり、たくさん考えてみましょう。

答え

Q2

4年生のゆいさんの時間割《わり》です。全部《ぜんぶ》で12科目あります。

	月	火	水	木	金
1	国語	理科	算数	音楽	社会
2	社会	理科	体《たい》育《いく》	外国語	算数
3	体《たい》育《いく》	図工	音楽	算数	書《しょ》写《しゃ》
4	算数	算数	国語	国語	国語
5	国語	算数	総《そう》合《ごう》	体《たい》育《いく》	道《どう》徳《とく》
6	クラブ	国語		クラブ	社会

(1) 科目を2つのグループに分けてみましょう。分けた理由《りゆう》も教えてください。

(2) 科目を3つのグループに分けてみましょう。分けた理由《りゆう》も教えてください。

(1)の答え

理由《りゆう》

(2)の答え

理由《りゆう》

Part 3

論理《ろんり》の穴《あな》に気づく力

Q1

Bの文章《ぶんしょう》が確実《かくじつ》に言えるように、空《あ》いているところに入る文章《ぶんしょう》を考えてください。

(1) A：イチローはホームランをよく打《う》つ。

だから、

B：イチローは一流《いちりゅう》のバッターだ。

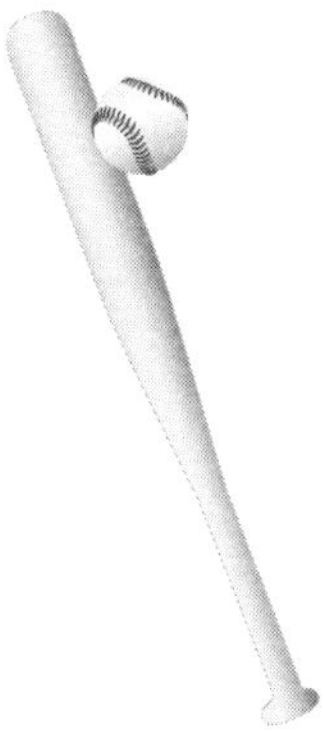

(2)

A：みかんにはビタミンが多くふくまれている。

だから、

B：かぜをひいたので、みかんを食べよう。

Q2

次《つぎ》のページの図から確実《かくじつ》に言えるものを選《えら》んでください。

(ア) たかしくんはメガネをかけている

(イ) たかしくんはロジム村にいる

(ウ) メガネをかけているのはたかしくんだ

(エ) メガネをかけている人はロジム村にいる

(オ) ロジム村にいないのなら、その人はたかしくんではない

答え

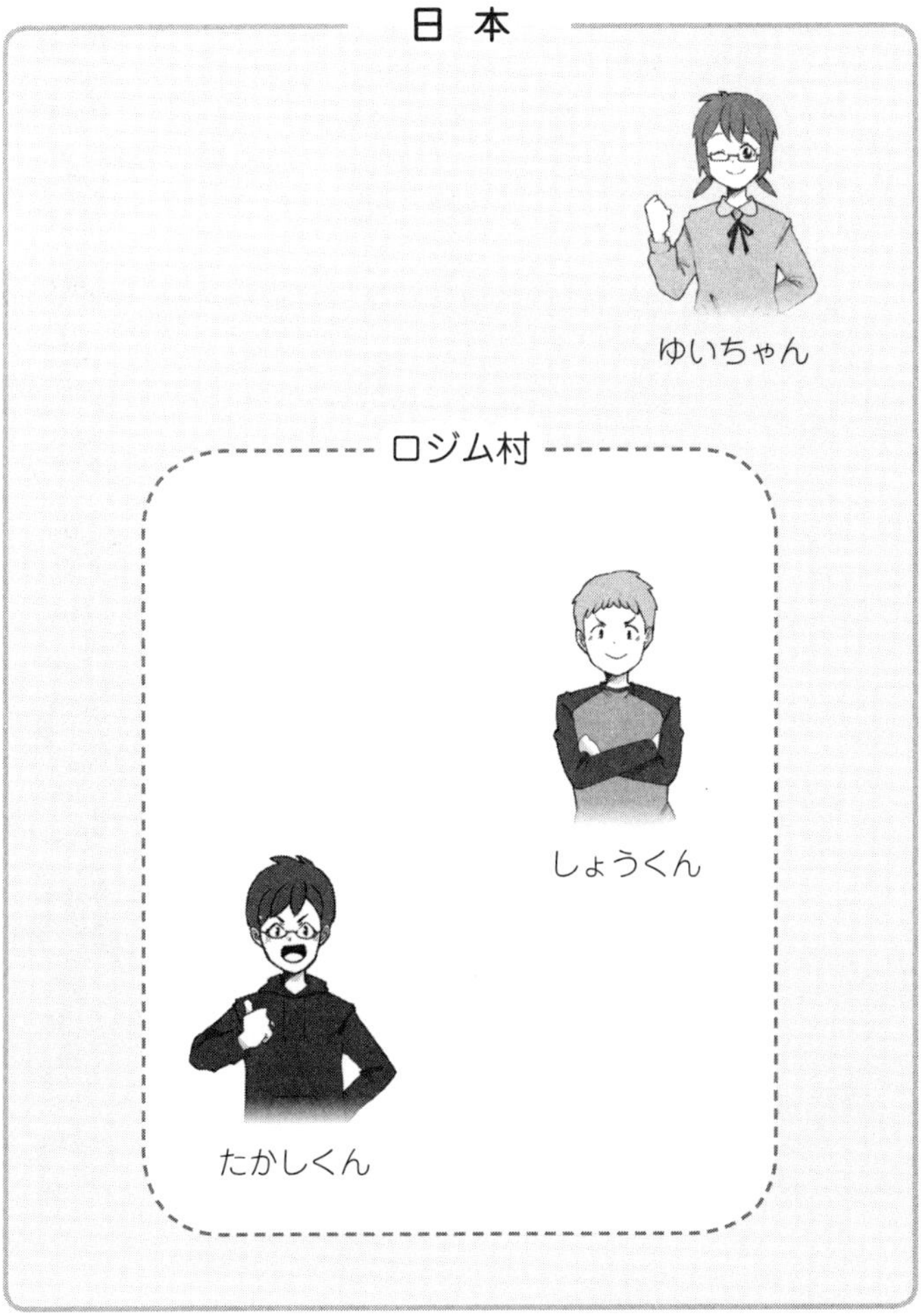
日本
ゆいちゃん
ロジム村
しょうくん
たかしくん

Part 4

自分の考えをまわりに伝《つた》える力

Q1

紙とペンを用意《ようい》して、友だちや保護者《ほごしゃ》の方にわたしてください。みなさんは次《つぎ》のページの図を、相手《あいて》には見せないようにして、よく観察《かんさつ》してください。観察《かんさつ》したら、口で次《つぎ》のページの図の説明《せつめい》をして、相手《あいて》にこの図を想像《そうぞう》して描《か》いてもらいましょう。もし相手《あいて》がうまく描《か》けたなら、説明《せつめい》したあなたが正解《せいかい》です。

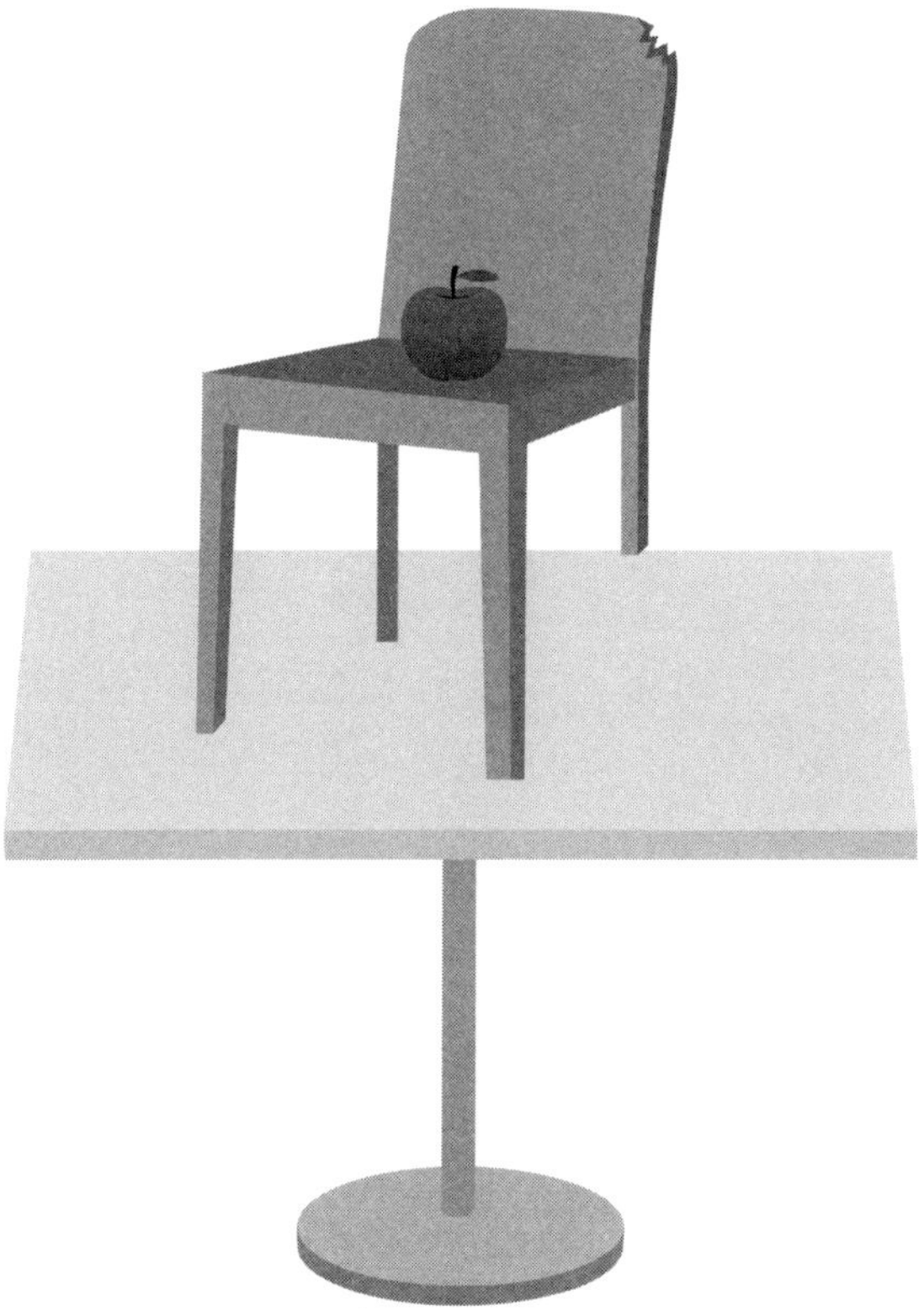

Part 5

PDCAを回す力

Q1

最後《さいご》のワークはゲームです。

「出題者《しゅつだいしゃ》」を1人決《き》めてください。出題者《しゅつだいしゃ》は相手《あいて》に見えないように1~10までの数字のうち、4つを好《す》きな順序《じゅんじょ》で書きならべてください。

「解答者《かいとうしゃ》」がその4つの数字を、順序《じゅんじょ》も含《ふく》めて当てることを目《め》指《ざ》します。

《ルール》

出題者《しゅつだいしゃ》が「5・4・10・2」を書きならべたとします。

解答者《かいとうしゃ》は、自分が正解《せいかい》だと思う4つの数字を、順序《じゅんじょ》も含《ふく》めて予想《よそう》して発言《はつげん》していきます。

解答者《かいとうしゃ》が1回目に「5・2・9・10」と発言《はつげん》したとします。

出題者《しゅつだいしゃ》は、

「数字は合っているが、場所《ばしょ》が違《ちが》うものはいくつあるか」

「数字も場所《ばしょ》も合っているものはいくつあるか」

を答えます。

数字は合っているけれども、場所《ばしょ》が違《ちが》うものを「ヒット」、数字も場所《ばしょ》も合っているものを「ホームラン」と呼《よ》びます。

たとえば1回目の場合、

◉2と10は、数字は合っていますが、場所《ばしょ》が違《ちが》いますので、「2つのヒット」です。

◉5は、数字も場所《ばしょ》も合っているので「1つのホームラン」です。

解答者《かいとうしゃ》の発言《はつげん》と、出題者《しゅつだいしゃ》の「ヒット」と「ホームラン」の答えをくり返《かえ》していくことで、解答者《かいとうしゃ》が正解《せいかい》を目指《めざ》します。

メモの例《れい》

			8

1　~~2~~　3　~~4~~　~~5~~　~~6~~　7　(8)　9　10

わかったことを書いていく

		ヒット	ホームラン
1回目	4　2　5　6	0	0
2回目	1　4　9　8	1	1
3回目	2　5　6　8	0	1
4回目			
5回目			
6回目			
7回目			
⋮			

メモをとる

▲1回目ではヒットもホームランも0だったので、「4・2・5・6は出題《しゅつだい》者《しゃ》が書きならべた数字ではない」ということがわかります。

解説と保護者の方へのメッセージ

Part 1 仮説を構築する力

A1 ㈠・㈡

解説

多くのお子さんが㈠を選ぶと思います。ひとつだけ選べとなれば、㈠が一番確率が高そうなので、「言えそうなこと」という問題としては、もちろん正解です。

㈡については、論理的にすこし飛躍がありますので、「なぜなら」という理由の説明が必要です。「料理が好きな人は料理が上手になるから」など、その間を埋める理由をしっかりと説明できれば正解としましょう。

模範解答として提示しやすい「確実に正しいこと」ではなくて、「言えそうなこと」をその理由とともに説明できることは、これからの学力としても、社会に出てからも重要になる問題解決能力のひとつです。論理の飛躍について問いつめるのではなく、「なぜ？」と優しく問いかけてみてください。

A2

B

解説

「選択肢が限られている」と「その中に確実に答えがある」というのは、じつは非常にやさしい条件です。「まずは試してみる」という積極性を養っていけるよう、声をかけてあげてください。

もしAがウソつきだとしたら、Dは「Aはウソをついていない」と言っているので、Dもウソつきになります。問題では1人だけがウソつきとなっていますので、Aがウソつきだと困りますね。よって、Aはウソつきではありません。
このように、「もし○○なら」と仮の考えで進めてみると、最初は気づかなかった大きな発見があるものです。同様に「もし××がウソつきなら」という考えで進めてみてください。

Part 2

分類・分解する力

A1

【例】靴　スタート　筋肉　フォーム　体力

解説

問題を分解することが目的ですが、答えには「たくさん走る練習をする」など、解決策が混ざっていることもあるでしょう。そんなときは、「どうしてそれが必要なの？」と問いかけてみます。そうすると、「疲れないようになる」や「足が鍛えられる」などと「問題」をさかのぼることができます。

フセンなどで見やすく書き出していくと、わかりやすくなるでしょう。

いくつかピックアップできたあとは、一歩進んで「それはどうすればいいのかな？」と解決策も考えてみるといいでしょう。

A2

(1)の解説

「算数・国語・理科・社会とそれ以外」というのが一番多い解答です。「お勉強とそれ以外」という理由です。これについては「お勉強とそれ以外って何が違うのかな？」と分析を進めてみましょう。そうすると「勉強法が違う」とか「テストの有無」など属性を考えるきっかけになります。

ほかにも「好きと嫌い」「得意と不得意」「クラスの教室でやるものと移動してやるもの」などがあがるはずです。いずれにしても、「何が違うのか？」という一歩進んだ対話で属性を分析する姿勢を身につけるきっかけにしたいですね。

A2

(2)の解説

「国語・社会・外国語・書写・道徳・総合」「算数・理科・図工」「音楽・体育・クラブ」が、おおよそ文系・理系・活動系という理由で一番多い解答です。これはなかなかレベルの高いものです。

ほかにも、「外国語とクラブとそれ以外」とそれぞれを担当する先生で分けたものや、「算数・国語」「理科・社会・体育・音楽・クラブ」「道徳・図工・書写・総合・外国語」を「毎日」「毎日ではないが複数日」「週に1回のみ」に分類するというものもあります。

３つになると、その分類が「モレなくダブりなく」なっているかどうかを確認するのが格段に難しくなります。「成績が良いもの・成績が悪いもの・成績がつかないもの」という答えもありましたが、「良い・悪い」は分類としてはあいまいです。明確な区切りを考えてもらいましょう。

Part 3 論理の穴に気づく力

A1

(1)【例】ホームランをよく打つのは一流のバッターだ。

解説

よくある間違いは、「イチローはヒットもよく打つ」などAと同じレベルの事例を並べてしまい、帰納《きのう》になってしまうものです（127ページ参照）。そんなときは「もしイチローが、守備がすごく下手だったら一流って言えるかな?」など、帰納の場合に「確実には言えない」ことを気づかせる反例を提示してあげてください。

A1

(2)【例】風邪をなおすにはビタミンが必要だ。

解説

よくある間違いは、Aの文章を忘れてしまっているというものです。「みかんは栄養満点で風邪を治してくれる」としてしまうのです。これは完全な間違いではありませんが、「Aの文章がなくてもよくなっちゃったね」という声がけで気づかせてあげましょう。

A2

(ア)・(イ)・(オ)

解説

(ウ)と(エ)はゆいちゃんが反例になっています。(オ)は(イ)の対偶《たいぐう》と呼ばれるもので、(イ)が正しいと(オ)も自動的に正しくなります（131ページ参照）。

「AならばB」が正しいかどうかは、まずは反例を探す習慣が大事です。ただ、反例があるから頭ごなしに否定するのではなく、反例があることを踏まえた言い方や、対応があることを理解してもらうことが大事です。

【例】

テーブルの上にイスがのっていて、そのイスの上にリンゴが1つのっている絵を描いてもらいます。

テーブルは長方形です。脚は真ん中に1本です。倒れないように、地面についている部分は丸く広がっています。

テーブルの上にのっているのは背もたれのついたイスです。4本脚ですが1本だけ短くてテーブルから浮いています。短いのは背もたれ側の向かって右側にあります。

イスの背もたれは、向かって右上が欠けています。

リンゴはイスの座る部分の真ん中に置いてあります。葉っぱが1枚ついています。

解説

プレゼン側と描写側を交代しながら、楽しみながらいろいろなものについての「わかりやすい説明」を身につけるワークです。

基本は「全体から詳細」です。とくに、最初に「これから何をしてもらうのか？」を宣言することが有効です。

説明した文章を紙に書き出したり、スマホの録音機能を使って内容を確認したりして、どこでうまくいかなくなったのかを確認する作業が大切です。ひとつの正解があるわけではありません。つねに「相手はどのように聞こえるのか？」を考える意識を高めてほしいですし、振り返りの中で想像力の源泉となる経験を積み重ねていきましょう。

A1

解説

教室では講師が出題者です。生徒が順番に答えていって、正解がわかった人が手をあげて答えます。

また、２人でやるときはお互いに４つの数字を書き並べておいて、交互に役割を入れ替えながら発言して、どちらが先に相手の数字を当てるかを競います。

最初のうちは、

・自分の過去の発言やまわりの人の過去の発言を振り返らない

・思いつきで当てようとして答え続ける

という、ＰＤＣＡができていない発言が多くなります。

ですが次第に、

・メモをとる

・そこまででわかったことを整理する

・知りたいことは何かを考える

・そこから今、発言して確認すべき４つの数字を考えることをゲームの中で学んでいくことができます。
そのため最初は、保護者の方が発言を書き出してあげて、最後に振り返りをしていくとよいでしょう。

レベルが上がってきたら、１から15までにしてみたり、難しかったら書き並べる数を４つから３つに減らしたりしてみてもよいでしょう。

【著者プロフィール】

苅野 進（かりの・しん）

学習塾ロジム塾長兼代表取締役。東京大学文学部卒業後、経営コンサルティング会社を経て、2004年学習塾ロジムを設立。コンサルタント時代には、社会人向けのロジカルシンキングの研修、指導も担当。「“自ら問題を設定し、試行錯誤しながら前進する力”を養うことこそ教育の最も重要課題である」という考えから、小学生から高校生を対象に論理的思考力・問題解決力をテーマにした講座を開講している。国語・算数・理科・社会・英語といった主要科目の学習への応用でも効果を上げている。著書に、『考える力とは、問題をシンプルにすることである。』（ワニブックス）、『10歳でもわかる問題解決の授業』（フォレスト出版）、『小学生からのロジカルシンキング』（SBクリエイティブ）などがある。

編集協力／ユニバーサル・パブリシング株式会社
シナリオ制作／菅乃廣
カバーイラスト・作画／絶牙

マンガでやさしくわかる
小学生からはじめる論理的思考力

2019年4月30日　初版第1刷発行

著　者 —— 苅野 進

発行者 —— 張 士洛
発行所 —— 日本能率協会マネジメントセンター
〒103-6009 東京都中央区日本橋2-7-1 東京日本橋タワー
TEL 03（6362）4339（編集）／03（6362）4558（販売）
FAX 03（3272）8128（編集）／03（3272）8127（販売）
http://www.jmam.co.jp/

装丁————ホリウチミホ（ニクスインク）
本文DTP——ユニバーサル・パブリシング株式会社
印刷・製本———三松堂株式会社

ISBN 978-4-8207-3167-2 C0037
落丁・乱丁はおとりかえします。
PRINTED IN JAPAN